日本的底力

徐靜波 著

自序

一場意料之外的中美貿易戰，把中國最有名的電信設備製造企業華為捲入了漩渦。

我在二〇一八年的中國製造業國際論壇上說了一句話，我說「我最尊敬的一位中國企業家是任正非先生，當人家都在購買日本的淘汰生產線時，他卻買了日本人的頭腦，雇用了一千多名日本手機工程師，在日本建了四個研究所，使得華為手機的品質，在近年迅速獲得提升。所以，我們可以說，華為手機主要是在日本研發的」。

我的講演的視頻被傳到網上之後，因為這一段話，我被罵成了「精日分子」和「漢奸」。因為有些人是絕對不能容忍「中國民族品牌」居然是「日本研發的」。況且，前幾年，中國的輿論一直在強調「日本失去了二十年」和「日本製造業走向滅亡」。

二〇一九年五月，為了了解華為的最新手機裡，到底有多少美國的零部件，日本經濟新聞社委託專業公司對華為手機進行了解剖，結果發現，在一千六百三十一個手機零部件中，美國產的零部件只有十五個，佔比百分之零点九。中國產的零部件為八十個，佔比百分之四点九。日本產的零部件多達八百六十九個，佔比百分之五十三点二。

這一數據，足以支撐我的觀點。同時也說明，沒有日本的零部件，就沒有華為的手機。

其實，我講華為的事例，並不是為了貶低華為的自我研發能力和全球各個研究所的共同努力。我只是想告訴人們：日本並不是一隻喪家之犬，它還是一頭雪野的狼，只是內斂了許多。

這幾年，日本一些著名的企業，譬如東芝、松下、索尼、NEC、夏普等，紛紛拋棄了電腦、手機、電視機、洗衣機、冰箱等白色家電，這些輝煌了半個世紀的日本品牌，紛紛落入中國企業的腰包。

當中國輿論為之歡呼時，我一直在提醒中國的企業：你其實撿的是日本的垃圾！

為甚麼這麼說？因為當中國、韓國甚至越南、印尼都能夠生產很好的家電產品時，日本已經沒有必要與你競爭，因為高昂的研發成本與製造成本，使得「日本製造」的家電產品已經沒有競爭的優勢。拋棄「包袱」，另闢蹊徑，是日本家電企業在過去幾年採取的集體行動。也就是說，在中國企業還在追求「做大做強」時，日本企業已經開始了「轉型創新」——中國提這一句口號時，比日本滯後了整整六年。

華為的事例還告訴我們一個秘密！表面上來看，日本電腦不行了，手機也做不下去了，白色家電都扔了，好像日本製造業已經走上了一條死亡之路。但是，華為手機的一半零部件來自於日本，而且在二〇一九年度的日本採購金額高達一萬一千億日元（約七百九十三億港幣），足可以說明一點：日本拋棄的只是終端的電子產品，但是並沒有拋棄電子零部件的製造。也就是說，日本人現在已經不賺「面子錢」，只掙「裡子錢」。

為了搞清楚中國的製造業到底有多強，中國工程院在二〇一九年，組織了五十多位院士，比對各國的製造業進行分析，得出的結論是：中國佔絕對優勢和相對優勢的技術與產業，佔世界的百分之六十，劣勢的技術與產業佔百分之四十。

哪些是中國的劣勢技術產業？主要是精密儀器、基礎材料和核心技術。而這三項中國的短板，恰恰是日本製造業的長處。

二〇一九年，日韓之間也爆發了一場貿易戰。日本限制了三種半導體材料向韓國的出口，結果導致整個韓國的半導體產業陷入困境。為甚麼這三種材料就可以卡住韓國的脖子？原因很簡單，日本的這三種材料在全球市場的佔比，高達百分之七十到九十。韓國在中國大陸和台灣地區尋找替代品，但是均因為純度不夠而無法使用。

日本的這一動作，雖然做得很不漂亮，但是它也讓世人知道了日本製造業的底力——控制了材料，就控制了世界的產業命脈！

我寫《日本的底力》這本書，就是為了告訴讀者們：日本還不是黃昏的夕陽，它依然如日中天。持續性的技術創新，與「控制上游、佔據中游、拋棄下游」的轉型戰略，已經讓日本走出了泡沫經濟崩潰以來長期低迷的陰影，重新開始恢復生機！所以，我們不能小看日本，而是應該像華為一樣，積極尋求與日本的合作，因為日本的許多技術底蘊，依然超過我們中國。

向強者學習，自己才會進步！

感謝香港中和出版有限公司，能夠讓港澳台地區的讀者們讀到這本書。祝福香港越來越好！

徐靜波

二〇一九年十二月於東京赤坂

目錄

經濟創新

社會規則

經濟創新

日本經濟復蘇的新思路

二〇一八年元旦剛過，華文出版社邀請我在北京圖書訂貨會上做一場演講，題目是《日本真的已經衰落了嗎？》

我想這是一個很好也很現實的主題。在中國崛起的背景之下，我們該如何看待日本社會和日本經濟？日本到底是不是成為我們可以忽視的國家，還是一個我們必須合作或者必須依靠的國家？對這些問題的判斷，對於我們國家在制定對日外交政策時尤為重要。對於我們普通民眾來說，也是一件需要去公正了解的事情。

社會上為甚麼會出現「日本已經衰落」的觀點，我想主要原因有兩個：一是在二〇一七年，日本東芝等一些公司紛紛拋售家電事業，並落入我國企業之手。二是一些日本著名企業出現了產品質量報告造假的問題。

這兩個原因，確實反映出日本企業目前面臨的困境和問題。但是我注意到，這些問題的出現，並沒有影響到國際投資家購買日元和日本股票的信心，日元還是在漲，日經平均指數還是在攀升。為甚麼會出現這種欣欣向榮的景象呢？因為國際經濟學家和投資家們的觀察角度與我們不一樣。他們認為，一個國家是否衰落，與 GDP 的增長沒有太大關係，關鍵在於它的創新能力；一個國家、一家企業，能不能不斷地吐故納新來改變自己，創造未來，能不能給社會輸入新的血液，給世界經濟帶來蓬勃生機，這才是關鍵。而日本即使出現了企業拋售和質量報告造假等問題，也無損於它製造業的底氣，也不會給日本整體經濟帶來損害，因為日本企業總是在不斷地創新，而且不是政府主導的企業創新。

索尼公司當年放棄電腦和其他電子產品時，許多人擔心索尼就此完蛋了。但是幾年過去了，我們發現，索尼的電腦是不見了，但是我們用的電腦和電視機裡的許多核心零部件都是索尼生產的。全世界正在研發生產的全自動駕駛汽車，包括豐田汽車在內，使用的圖像傳感器，基本上都是索尼的技術。

幾年前，日本電腦製造業的鼻祖NEC公司將電腦產業賣給了中國的聯想集團，許多人當時也擔心，日本的半導體產業完蛋了。但是，我們後來發現NEC公司不僅沒有拋棄半導體產業，相反實現了劃時代的革新。NEC公司最新推出的一項全自動高智能化視聽技術，將會完全取代我們現在所使用的智能手機，會讓蘋果公司甚至是中國的華為公司走下坡路。因為NEC公司的這一個小小的耳塞，可以取代智能手機所有的功能，讓「看」變成「聽」，讓人們空出手來去做想做的事情。

所以，我們看日本經濟，不能只看它的哪些產業被拋售了，而是應該看它又創造出了甚麼引領世界的新產業。

中國現在還處於經濟結構的調整期，去產能去庫存，培育新的經濟增長點。對日本來說，經濟結構調整在二十多年前的泡沫經濟崩潰之後已經完成。日本目前進行的是整個產業結構的調整；也就是說，如何把一些沒有競爭力的、低端技術的產業拋棄掉，去創造一些未來型的新產業。

像電腦、電視機、電冰箱等白色家電，在日本企業的眼裡，已經屬於沒有競爭力的低端技術產品，完全可以扔給勞動成本低廉的國家去做，而日本只要研發製造這些白色家電的核心零部件就行。也就是說，從外殼包裝上來看，印着「Made in Japan」的商品會越來越少，但是打開這些產品，會發現印着「Made in Japan」的零部件越來越多。一台蘋果手機，百分之三十七的零部件是日本製造的，而且都是核心零部件。美國最新型的波音 787 客機，百分之三十五的核心技術是日本企業提供的。比如客機的機體，它不再使用傳統的鋁合金，而是採用了日本東麗公司開發的碳纖維復合材料，又輕又牢固，比鋁合金機體可以節省百分之二十的燃油，而且機體不再冰冷，機艙內自然溫度比鋁合金機體升高了五度。

波音 787 優美的曲線形主翼，是日本三菱重工業公司製造的；駕駛艙是由日本川崎重工業公司製造的；客機內的音像播放系統是松下電器公司生產的；機艙門是由日本

JAMCO 公司生產的；連波音 787 客機廁所用的溫水沖洗坐便器，也是日本東陶公司生產的。日本總共有六十家企業參與了波音 787 的製造，所以有人説：「波音 787 名義上是美國的客機，其實是一架準日本國產客機。」

「讓別的國家去做外殼，讓日本來做內芯」，這就是日本產業結構調整的一種新思路。而這種新思路，經過未來三到五年的衍生，將會給日本經濟帶來新的活力，日本經濟也會進入新一輪的爆發期。這是我們必須預估到的日本經濟的前景。

豐田的氫能源汽車是如何鑄成的

二〇一八年五月，李克強總理時隔二十六年訪問日本，在北海道參觀了豐田汽車工廠。豐田將諸多先端汽車運到北海道，請中國總理看一看。結果，李總理的腳步停留在了一輛造型別緻的蔚藍色轎車面前，豐田公司社長豐田章男先生告訴李總理：「這是我們研發的世界第一代氫能源汽車。」

訪問結束後，網上傳出一張照片——李總理的臉色十分凝重。也許是他看到了中日兩國在新能源汽車研發上的某種差距。

我聯繫了豐田汽車公司，想看看這輛汽車。豐田公司委派了廣報部的劉瑩瑩跟我對接，去東京塔下的「Iwatani」加氫站，因為那個加氫站還建了一個氫能源汽車的展示中心，不僅有樣車，還有可以試乘的車。

豐田汽車公司的這輛氫能源汽車，有一個很美麗的名字，叫「MIRAI」。「MIRAI」在日語中是「未來」的意思。而「氫」在日文中，寫作「水素」，所以，日本人將這款「MIRAI」稱作「水素車」，但是豐田公司的官方定義是「燃料電池車」。

人類發明汽車是在一百五十多年之前，燒煤、燒柴、燒氣、燒油，為了輪子能轉，試了無數，終於在最近十年，發明了大功率蓄電池，開始燒電。

除了這些外，還有沒有新的替代能源？愛搗鼓汽車的豐田人，在一九九二年就組成了幾個人的「興趣小組」，開始研究氫能源。

特地趕到加氫站來給我做技術解讀的，是豐田汽車公司的中井久志先生，他的名片上印着一個頭銜，叫「技範」。這兩個漢字，我是頭一次看到。我説，按照上海人的概念，就叫「老法師」。他聽了，不好意思地笑了。

中井先生告訴我，豐田汽車公司研製氫能源已經有二十多年的歷史。二〇〇二年，世界上第一輛以「氫」作為能源的汽車在日本和美國市場限量銷售。隨後，豐田根據客戶的反映和技術跟蹤監測，對續航距離和極寒狀態下的始動性能進行了改善。在北海道的豐田試驗場等進行了零下三十度狀態下的極寒試驗後，二〇〇八年，豐田的氫能源汽車可以行駛在零下三十度的寒冷地區。

二〇一四年十二月，技術與安全性能相當成熟的氫能源汽車「MIRAI」正式推向市場，並實現了量產。為了燃料電池，豐田獨立研發的專利技術就多達五千餘項，可以說，豐田掀起了世界汽車能源的一場革命！

說到「氫」，一般人會想到「氫彈」和蘑菇雲，心中會有一種怕怕的感覺。豐田的氫能源汽車，到底是一款怎樣的車呢？

中井先生用電腦給我上課。他說，原理很簡單，中學的物理課上都已經學過，但是技術很複雜。

豐田的氫能源汽車的後部，安裝了兩個高壓氣罐。光這一氣罐，豐田研發的專利技術就高達二百九十項。最外面的一層，包裹的是碳纖維材料，那是製造客機機體的尖端材料，又輕又牢固。

我看了豐田的一段試驗視頻，一輛貨車以八十公里的時速，以追尾的方式衝撞氣罐，氣罐連表面都完好無損。氣閥在感知衝擊的同時，會瞬間自動關閉。

中井先生說，「MIRAI」上安裝有氫氣監控裝置，一旦發現氣漏，將會自動發出警告，同時自動關閉氣閥。

與汽油和混合動力汽車相比，豐田的氫能源汽車是沒有發動機的，只有車頭安裝了一個小小的馬達。那麼，「MIRAI」的動能是如何產生的呢？燃料電池動力系統的工作原理是氫和氧發生反應產生電能，然後驅動馬達運行。那麼既然把「MIRAI」稱作「燃料電池汽車」，它的燃料電池在哪裡呢？其實，所謂的燃料電池，是一個裝在汽車中部的電堆，叫「FC電堆」，這個電堆並不是電池，而是發電設備，氫和氧在這裡發生反應產生動能，而且這個電堆沒有壽命限制。

但是我發現，車上的尾部，裝有一塊電池。

這塊電池是幹甚麼用的呢？中井先生介紹說，這塊電池不是像電動車（EV）那樣接受外部電力充電之用，而是積蓄「MIRAI」車在行駛過程中產生的回生電能，這些回生電能也可用於開車。

中井先生說，萬一發生地震、颱風和洪水等災難，城市出現停電，「MIRAI」可以作為大容量的外部電源供給系統，通過直流或交流轉換的供電器，連接家庭的電源，提供一戶人家從做飯到照明、電冰箱、空調等約一個星期的電力所需。同時，也可以給避難所、道路信號燈、醫院等提供電力。平時的話，親朋好友外出野營露宿或者舉行野外音樂會，「MIRAI」都可以提供足夠的電力供應。

所以，「MIRAI」也是一台移動電源。

我提出來，能不能讓我試乘一次「MIRAI」，他們爽快地答應了。

車從加氫站開出，一直開到日本中央機關所在地霞關，再從霞關開到芝公園回到加氫站，一圈兜了二十多分鐘。根據陪同司機的指點，我發現這款「MIRAI」有這麼幾個特點。

第一，空調、汽車導航系統等功能按鈕集中在駕駛座的左側間隔板上（日本車是右側方向盤），而且都是觸摸式的，手指輕輕一觸即可。

第二，車內空間感大，尤其是前座的空間感覺寬敞。

第三，瞬間加速，一踩油門，車子如同客機起飛，時速瞬間從三十公里加速到六十公里。

第四，在斜坡起步時，車子有一個上坡輔助系統功能，可以阻止車輛下滑。

第五，座椅和方向盤都有加溫功能，以避免冬天開車受冷。

第六，由於沒有發動機，車在行駛中噪音極低，內部空間十分安靜。

第七，車上搭載有防衝撞自動剎車系統，當感知前方有車輛可能發生衝撞時，緊急剎車系統會自動啟動。

第八，車上搭載有道路識別系統，當汽車偏離正方向出現壓線行駛時，這一系統會自動向司機發出警告。

第九，車上搭載有大小車燈自動切換系統，車在夜間開燈行駛時，遇到前方有車輛駛來，會自動切換成小燈，以避免擾亂對方司機的視線。

第十，車上搭載有防止車輪左右打滑的自控系統，用來提高冰雪道路等路況下的行駛安全性。

「MIRAI」不僅是一款新能源車，更是一款高科技車！目前的售價是七百二十五萬日元（約四十二萬元人民幣），日本政府和各地方政府（各地方政府的補助金額不等）最多可補助約二百萬日元，個人實際需要支付的購車費相當於三十萬元人民幣。

車回到加氫站，中井先生請我看車尾，只見司機在駕駛座上按下一個按鈕，車尾就灑出大概半杯子清水，原來氫能源的「MIRAI」只排水不排尾氣，實現了完全的零排放。而這種清水，在行駛中自動排放，還裝有 H_2O 按鍵，可以選擇在停車時或其他時間排放。

那麼，既然是加氫氣，這氫氣是怎麼加的呢？

剛好有一輛黑色的「MIRAI」來加氣，我看了加氣的全過程。加氣口與一般轎車的加油口是同一個位置，同一個概念，只是它是一個很小的接氣口。

我問了加氫的小伙子，在加氫過程中會不會發生意外漏氣的問題。他説，這種情況應該不會發生，因為加氫系統是一個自動控制系統，即使加氫過程中有點泄漏，也很快會揮發，不會發生燃燒等問題。

「MIRAI」加一次氫，只需要三分鐘，跟加汽油是同樣的時間。但是，加一次氫可以跑六百五十公里，並且作為「MIRAI」發電機的FC電堆，還不會發生電池老化、功率下降的問題。

加滿氫的費用是五千日元（約三百元人民幣），跟加滿汽油的價格一樣，甚至更便宜，而且不會隨着油價發生價格的波動。

目前，豐田的氫能源加氫站主要是與岩

谷產業公司合作。岩谷產業公司是日本最大的液化氣加工銷售公司，也是「MIRAI」氫能源的製造公司。全國現在共有約一百座這樣的加氫站，主要集中在東京、名古屋、大阪和福岡四大經濟圈，東京現有十四座加氫站。

豐田廣報部的劉瑩瑩介紹說，「MIRAI」在全球已銷售了六千三百輛，主要集中在日本和歐美國家，目前的年產量是三千輛，在愛知縣的元町工廠製造。「MIRAI」專用生產線處於有序擴大的階段，目前的「MIRAI」幾乎是手工打造。

根據計劃，到二〇三〇年，豐田公司汽車一整年的銷售結構比例為：所有豐田車中，電動車銷售量達到五百五十萬輛。其中，混合動力車和插電混合動力車四百五十萬輛，而零排放的氫能源、純電動車（EV）年銷售量力爭達到一百萬輛。而豐田公司最終目標，是要在二〇五〇年，挑戰「新車 CO_2 零排放」目標，為防止地球變暖做出貢獻。

從幾個技術人員的私下研究開發，到上升為公司的戰略，再到完成氫能源汽車的量產化，整個過程，豐田汽車公司耗費了二十多年的時間。到二〇一四年十月末，獲得的專利技術多達五千餘項，投入的研發經費也不是一個小數字。但是，豐田汽車公司宣佈將五千多項專利技術向全世界公開，希望更多的汽車製造商一起來推進這場汽車能源大革命，讓地球的天更藍，空氣更清新。

跟中井先生談了整整一個上午，他是一位氫能源汽車領域的權威。我對他說，氫能源技術的進一步開發和利用，不僅會使得豐田在汽車百年革命中成為時代的弄潮兒，更有可能，會使得豐田汽車公司變身為新能源開發公司。氫能源已經成為一種可移動的大型電源，在未來的發展領域，不僅可用在汽車上，也可以成為住宅、辦公樓、醫院、酒店、百貨公司、超市、工廠企業的電源，而這種電源又是取之不盡的能源。也許，世界能源結構將因此而改變，日本將邁入氫能源社會。

中井先生倒是很謙虛，他說，豐田汽車公司正在研究氫能源的各種應用可能，不過有一點是毫無疑問的，他們想通過應用電能和氫能，構築起能源多樣化的社會。

孫正義與豐田章男合夥想幹甚麼

這幾年，中國社會對於日本的產業與經濟，有一種比較膚淺的認識，認為日本把白色家電拋售給了中國企業，已經到了砸鍋賣鐵的窮困地步。

但是，身在日本的我一直很不贊同這種認知。我覺得，這是日本企業實施產業結構調整與升級的一個過程，而這個過程表現出來的是甩賣家底，實際上是在拋棄虧損的陳舊產業，尋求鳳凰涅槃。

為甚麼這麼說？原因有兩點：第一，日本企業的產業更新換代，是日本企業的一場自我革命，不是銀行與債主逼他們砸鍋還債。第二，這些日本企業手中有大量的現金留存，在這場產業調整與升級中，幾乎是不解雇員工，沒有拖欠貨款。也就是說，是有錢人賣了舊房換新房而已，而不是變成一名流浪漢。

日本的這場產業調整從十年前最大的半導體製造企業NEC拋售電腦事業給聯想集團之時拉開序幕，直到今天，除了夏普公司整體轉讓給台灣的鴻海集團之外，其他的電器、電機公司都走出了困境，並開啟了新產業的時代。最具代表性的就是索尼公司，它的人工智能相關半導體零部件的研發製造，已經佔據了世界家電與音像產品市場以及自動駕駛汽車市場百分之五十以上的份額，創下了二十年來最高的利潤。

重新認識日本的產業經濟，冷靜觀察日本的國家底力，這是我們對於日本這一鄰居必須持有的態度。

走出產業結構調整困境的日本企業，最近都在忙甚麼？

金秋十月，日本兩家企業巨頭開始聯合投身於人工智能社會的建設。

孫正義是日本首富，軟銀集團的創始人兼社長。豐田章男是日本最大的汽車製造商——豐田汽車公司的繼承人兼社長，兩人都是世界著名的業界大佬。所不同的是，孫正義搞互聯網經濟與投資，豐田章男造汽車搞實業，兩人湊在一起，很難找到融合點。

但是，二〇一八年十月四日下午，這兩位小個子男人一起站在記者會見的舞台上，相互鞠躬、握手，最後隆重宣佈要攜手成立一家合資公司——一起興辦人工智能（AI）企業。

AI是當今世界最滾燙的話題，但是至今為止，幾乎都是單兵作戰，各企業各自為營，很少出現聯合體。軟銀與豐田的想法則不同，他們想結婚。

豐田是有着八十年歷史的老牌企業，軟銀只是一家才二十多年的新興企業。這對老夫少妻想結婚的理由很簡單：世界在變，我們不跟上不行。

豐田章男說，汽車已經進入了百年一變的時代。未來汽車如果僅僅在能源問題上尋求突破，顯然是不夠的，必須走自動化與網絡化之路。汽車消費不是賣了後了事，而是賣了之後才開始。

於是，豐田汽車公司在二〇一八年年初的消費電子展上推出了一款嶄新的概念車——e-Palette Concept（e-調色板）。這款全自動駕駛的汽車，其實是一個「移動平台」的概念，它開放車輛控制接口，可搭載其他公司開發的自動駕駛控制組件；在移動服務平台上公開服務供應商所需API；就像一台電腦，可以根據需要安裝各個公司研發的軟件，演繹成不同功能的系統處理與操作平台，讓這一輛汽車既可以載客，又可以辦公；既可以作為貨車，又可以作為餐車，成為功能性「變形金剛」，滿足人們的生活與工作所需，解決人們移動與生活之間的問題。

但是，e-Palette Concept 如果沒有 AI 技術的支撐與網絡融合，最後還只能是一輛車。

孫正義從美國留學回來後，靠賣電腦軟件起家，創建日本雅虎網站，首創網上拍賣。然後涉足金融投資，是阿里巴巴的最大股東，捏着百分之二十七的股權。然後取得蘋果手機在日本的代理權，全面介入日本的移動通訊事業。這幾年，最忙乎的是投資世界各國的互聯網企業和人工智能技術研發企業，構建全球物聯網（IoT）。

二十年前，孫正義還只是一位創業不久的企業老闆，他斗膽向日本最牛的豐田汽車公司提出了一項互聯網銷售建議——將美國的汽車專賣店管理軟件賣給豐田汽車公司。當時接待孫正義的是豐田汽車公司的一位小課長和一名小系長，課長的名字叫豐田章男，系長的名字叫友山茂樹。孫正義的合作建議遭到了豐田汽車公司的謝絕。不僅因為兩家公司的檔次與體量相差遙遠，更因為當時的豐田覺得自己已經有了銷售網站，不需要孫正義的合作。當年登門謝絕孫正義的兩個人，就是豐田章男和友山茂樹——這也是豐田章男與孫正義的第一次交集。

半年前，兩家公司的年輕人走到一起，探討豐田 AI 車與軟銀 AI 技術合作的可能性。這一次探討，擦出了火花——如果把 e-Palette Concept 與軟銀的 AI 物聯網融合的話，可以構建出一個 AI 社會。

這盆火花端到了友山茂樹的手中——他如今已是豐田汽車公司的副社長。友山想起了二十年前的事，他覺得當初孫正義的建議是多麼的具有先知。而這一盆火花送到豐田社長手中的時候，應了「正中下懷」的那句話，豐田社長拍案叫絕。

僅僅幾個月，豐田與軟銀的合資公司案擺到了兩位大佬的面前。

公司名稱：MONET Technologies 株式會社（意思是：為所有人提供安心舒適的移動服務）。

資本金：二十億日元（約一億二千萬元人民幣），今後增資到一百億日元。

股權比例：軟銀集團百分之五十點二五，豐田汽車公司百分之四十九點七五。

代表取締役社長兼 CEO：宮川潤一（軟銀集團副社長）。

業務範圍：按需移動服務、大數據分析、自動駕駛與系統融合事業。

根據宮川社長的介紹，新公司在二〇一八年內開始工作，與各地方政府和企業合作，首先利用 AI 技術開啟網約車業務，以構建區域聯動型交通網絡。其次面向企業構建 AI 物流網。到二〇二〇年上半年為止，利用豐田汽車公司開發的 e-Palette Concept 全自動駕駛汽車，完成自動配車、移動中醫療診斷、移動中快餐製作、貨物配送、移動辦公等事業的構建，向東京奧運會展示日本最新的科技與 AI 社會的理念，並向世界輸出這一事業。

在記者會見中，豐田社長稱自己只是一個事業的繼承者，而孫正義不僅是一位偉大的創業者，更是一位具有先見之明、能預見未來的智者。

而孫正義在感歎自己終於能夠「嫁入豪門」的同時，更稱讚豐田社長是一位「再創業者」，是引領世界汽車產業未來的旗手。

惺惺相惜，一不缺錢，二不缺技術，豐田與軟銀的融合，讓在現場的我，感受到一份激動的同時，也感受到一種恐懼：他們到底想幹甚麼？

豐田社長說：世界汽車業界正迎來「百年一次」的大變革時代，在這一大變革中，催生了一項被稱為「CASE」的新技術，那就是「接續性」「自動駕駛」「共享」「電動化」的技術革新，這一革新不僅改變了汽車的概念，同時也改變了競爭對手與競爭規則。今後，汽車將依賴於互聯網技術，與城鎮相連、與支撐人們生活的各種服務相連，成為整個社會系統的一部分，而不再是單純的交通工具。因此，豐田汽車公司要推行「結友戰略」，不僅要強化與血緣關係的企業和相關聯零部件製造企業的內部合作，同時要強化與同行車企的強強合作，同時也要強化與移動服務企業、AI 技術公司的合作，為了日本、為了世界、為了下一代攜手共進。而與軟銀集團的合作，就是為了打造「移動服務的未來」時代。

孫正義社長說：AI是人類歷史上最偉大的革命！將豐田的全自動移動服務平台與軟銀擁有的物聯網（IoT）與AI技術，可以催生無限的可能。軟銀現在已經投資了自動駕駛、圖像識別與處理、物流、網約車、電商、半導體技術研發、電子地圖等領域，已經具備構建AI社會的諸多基礎。十年前，進入世界前十強的企業中，互聯網相關的企業只有一家微軟，現在已經有了七家。但是，還沒有一家真正意義的AI企業進入前十強。我相信，若干年之後，這樣的AI企業一定會進入前十強，引領世界的未來。

聽完孫正義的話，我預感到，他心目中的這一家AI企業，就是這一家軟銀與豐田的愛情結晶。也許十年、二十年之後，當全自動駕駛汽車變成我們生活中招之即來揮之而去的萬能平台，當世界進入AI社會後，我們會慶幸自己，曾有幸見證了這一偉大革命誕生的瞬間！

日本如何打造全自動駕駛社會

二〇一八年十一月一日，對於日本來說，是一個值得紀念的日子，因為這一天，日本版 **GPS** 定位系統正式投入使用。為此，日本政府舉行了一個啟用儀式，安倍首相出席儀式，並說了一句很重要的話：我們的生活已經離不開 **GPS** 定位系統，我們在世界上首次開啟了數厘米誤差的定位系統，日本的「引導」衛星揭開了歷史新的一頁。

大家知道，**GPS** 全球定位系統是美國人研發的，幾乎全世界都在用，也包括我們中國。而中國為了擺脱美國的控制，開始獨自地構建與美國 **GPS** 定位系統相對抗的「北斗」全球定位系統，而且中國的這一「北斗」系統已經形成規模，並投入使用。

日本人鑽了一個牛角尖，它不跟美國，也不跟中國玩全球定位，而只是玩區域定位，也就是說，日本版的 GPS 定位系統，只定位從俄羅斯遠東地區到日本、東南亞地區和澳大利亞這一縱向的「8」字形區域。

安倍首相所說的「引導」衛星，是日本獨自研發與發射的準天頂衛星的名稱，目前已經發射了四顆。這四顆衛星一直移動在日本的上空，使得 GPS 信號不僅能夠覆蓋到地形複雜的山區，同時也能輻射到高樓林立的狹窄空間，使得 GPS 信號實現二十四小時垂直全覆蓋。

為了搞清這一日本版 GPS 系統的先進性，我特地去採訪了日本衛星測位利用推進中心，這是一個由日本政府相關部門和企業共同組成的 GPS 系統發展機構，他們告訴我日本版 GPS 系統的兩大優越性，一是領先世界的精準度，二是信號的二十四小時垂直傳送。

日本版 GPS 系統既是美國主導的 GPS 系統的補充，又是日本獨自擁有的系統。十一月一日開始正式投入使用的日本版 GPS 定位系統，它的精準度有多高？如果使用專門的信號接收器的話，定位誤差從目前的十米，大幅縮小到幾厘米，成為世界最高水準的民用定位系統。有人開玩笑說：「美國的 GPS 系統只能找到街道，而日本的 GPS 系統卻能找到家門的鑰匙孔。」

開汽車的各位讀者朋友，一定會有這樣的一個體驗，無論你是使用甚麼導航，有時候開車開到一個岔道前，往往等你開錯了路，導航才溫柔地告訴你：「靠左邊道行駛。」為甚麼會出現這個問題？原因就是 GPS 的準天頂衛星不在你的頭頂上，它給你的信號往往是一條斜線，那麼這條斜線遭到高樓或者山體的阻擋後，會導致瞬間的失聯。而日本版 GPS 定位系統，現在做到的是，每天二十四小時保證在日本的頭頂上空有三顆準天頂衛星停留，這樣可以保證 GPS 定位信號是一條垂直信號，即使你在東京這樣高樓林立的地區，在大樓與大樓之間的小路上行駛，也能準確無誤地接收到 GPS 的精準定位信號。

為了開發日本版 GPS 系統，日本政府迄今為止已經投入了二千八百億日元（約一百七十五億元人民幣）。即使投入了這麼多的財力，日本政府已經宣佈，你只要擁有了 GPS 信號接收器，那麼，信號接收與使用將全部免費。

為甚麼日本政府在這幾年會投入如此巨大的財力來打造日本獨自的 GPS 定位系統？理由很簡單，為了迎接全自動駕駛時代的到來。

日本的豐田、本田、日產等汽車製造商已經完成了全自動駕駛汽車及其人工智能系統的打造，全自動駕駛汽車也已經開始投入商業運營。目前，全自動駕駛出租車已經在東京和橫濱等城市上街載客。日本政府有一個很大的計劃，就是要在二〇二〇年的東京奧運會上，選手村與比賽場地的所有來往車輛，均使用全自動駕駛汽車。同時也能夠保證在東京，至少有五千輛全自動駕駛出租車行駛。

日本內閣府稱，如果日本版 GPS 定位系統的誤差能夠達到幾厘米的話，日本的全自動駕駛可以進入到「四級」（L4）的水準，而「L4」水準在國際上被認為是「完全自動化」水準。

日本政府計劃到二〇二三年，還要發射三顆「引導」衛星，使得日本上空的準天頂衛星達到七顆，定位誤差幾乎可以達到「零」。這樣的話，能夠保證日本在二〇二三年全面進入全自動駕駛時代。

日本政府不僅要把東京奧運會開成一個展示日本科技實力與製造業尖端水準的「科技奧運」，同時要向世界宣佈：日本已經開啟全自動駕駛時代，並催生新興的 AI 產業。

在日本版 GPS 定位系統啟用的當天，三菱電機公司開始出售定位誤差在六厘米以內的高精度信號接收器。目前的價格雖然高達一百萬日元（約六萬元人民幣），但是，車載 GPS 定位儀的最終價格，將會降到數萬日元（數千元人民幣）。

日立製作所也從十一月開始，開始接受面向規模性生產農戶的無人駕駛農用耕種機的訂購。

這家公司利用日本版 GPS 定位系統在澳大利亞農場實施的無人農用耕種機的使用實驗，結果顯示誤差均在十厘米以內，這些農機今後可以承擔耕田、灌水、施肥、插秧、收割的無人化作業，解決農村勞動力短缺的問題，並使得農業進一步現代化和規模化。

孫正義領導的軟銀集團和日本村田製作所使用這一日本版 GPS 定位系統，開始在京都府宇治市進行全自動駕駛車輛的道路檢修無人化試驗。道路有沒有滲水、基礎有沒有出現塌陷、道路下有沒有存在空洞化等，都需要專業車輛邊行駛邊檢測。那麼，如果可以使用無人駕駛檢測車自個兒整天去轉悠，可以節約大量的檢測成本，同時提高檢測的效率。

日本的無人機系統開發公司 Sensyn-robotics 與日本最大的移動通信公司 NTT-DOCOMO，在山區開始進行無人機的遇難者搜尋實驗。

日本多家企業還在與海上保安廳合作，對船舶安裝自動駕駛系統，船長可以打着瞌睡，把船順利地開到目的港灣。

日本衛星測位利用推進中心預測，到二〇二五年，僅在日本國內，將會催生二萬四千億日元（約一千五百億元人民幣）的「GPS 市場」，單車載定位系統服務市場的規模就會達到四千億日元（約二百五十億元人民幣）。而日本版 GPS 定位系統也將覆蓋東南亞和澳大利亞、新西蘭地區，在這些地區的經濟效益也會達到二萬三千億日元（約一千四百三十七億元人民幣）。

但是，日本版GPS定位系統也存在三大問題：一是高精度信號接收器的價格目前偏高，如何降低成本，實現全社會普及，這是一大課題；二是接收器的小型化，目前的接收器的基板為十厘米見方，跟手機一般大，如果今後要植入手機或者手錶中，那麼還需要精細化；三是日本版GPS定位系統的精準信息，主要還是覆蓋日本、東南亞和澳大利亞，無法為全球提供服務。

目前，全球定位系統主要有美國開發的GPS定位系統、歐洲開發的「伽利略」定位系統，中國開發的「北斗」定位系統，說到底，日本這套系統還是依附於美國的GPS系統，但是，日本借船出海，花少量的錢，不與中美搞競爭，只關注自己的一畝三分地，精心打造主要服務於本國市場的日本版GPS系統，這就是日本的實用主義與現實主義的思維模式。

日本這個國家總是悶聲不響地悄悄地往前走，有了這套日本版GPS系統，再加上日本的全自動駕駛汽車、農機的製造技術也是引領世界，AI系統開發與使用也走在世界前列，因此，日本政府預估，日本可能會成為世界第一個全面跨入全自動駕駛時代的國家。

日本人工智能現在發展到了甚麼程度

中國「兩會」期間，我被鳳凰衛視《一虎一席談》節目邀請去當嘉賓。這次，和我同台的嘉賓有大家很熟悉的格力電器董事長董明珠，大家都叫她「董小姐」，還有步步高集團董事長王填、廣汽集團董事長曾慶洪。這期節目談的主題是人工智能。和往常一樣，我主要介紹日本的製造業和人工智能的發展情況，因為日本確實有許多先進的好東西值得我們學習。

那麼，在製造業和人工智能這兩個領域，日本目前發展如何？中國是不是有可能超越日本？節目錄製現場，各位嘉賓就這些話題碰撞出了火花。

在節目中，董明珠指出了一個很重要的問題，那就是中國的製造業體量上看起來很大，佔到整個經濟的百分之二十九，但其實是存在着很大的短板。這個短板是甚麼呢？就是核心技術與材料。在這兩個領域，中國還遠遠落後於日本。中國能造很好的汽車，但是發動機都是別人的，精密機械的研發和製造也遠遠落後於日本和德國。中國在整個製造業領域，中低端產業已經引領世界，但是「金字塔」頂端的部分，中國與世界，尤其是與日本、美國、德國等一些工業發達國家相比，還有很大的差距。

那麼，日本為何在製造業領域能夠不斷地引領世界，它有甚麼優勢？主持人把話題拋給了我。

我在節目中介紹說，「中國製造」與「企業創新」是目前中國比較火的名詞，但是在日本，政府並不會給企業設定發展目標，而是由企業自身去尋求發展和轉型。

日本社會為甚麼沒有口號和概念的宣傳，是因為企業的創新首先是為了自身的生存和發展的需要，並不需要國家去制定甚麼指導戰略。企業的發展戰略需要企業自己來確定，而不需要依靠政府去引導，政府能夠做的就是一件事：政策傾斜。在日本，企業家普遍認為，他們比官僚更了解市場和行業的發展情況。

如此一來，日本企業就像沒爹沒娘的孩子，任憑自己在市場的風浪中拚搏和掙扎。結果是日本的製造業五花八門，遍地開花，大家各走各路，而不是去擠華山一條道。

所以說日本的產業發展，尤其是製造業發展，動力完全來自於企業本身，而不是政府的政策驅動。因為日本百分之九十九點九的企業都是民營企業，做得好與不好，與政府沒有甚麼直接關係。日本企業做任何事，取得任何的業績，都是做給自己看，做給股東看，做給員工看，而不是做給政府看。日本企業不怎麼向政府邀功，即便你邀功，政府也不會給你甚麼表彰獎勵，不會給你單獨分糖吃。

因此，在日本經營企業，企業家是千斤重擔一肩挑，好壞都是自己的事。為了能夠立於市場的不敗之地，日本企業只願意做兩件事：一件事是做得比人家好，另一件事是做人家沒有的東西。於是，創新就變成了一種自然，一種時時追求的東西。目前，日本家電製造業紛紛拋售生產線，但是，並不是他們被誰超越，而是他們認為傳統的製造業已經不適合日本企業來做，需要進行產業結構的大調整，拋棄舊產業，創造新產業，把「日本製造」的標籤，由貼在產品的外殼，改為貼在產品的內芯。

不過，董明珠認為，雖然在製造業領域中國總體上還比日本落後，但是在人工智能領域，中國和日本處在同一條起跑線上，如果中國持續發力的話，完全有可能超越日本，至少不會輸給日本。中國在人工智能領域裡已經取得了驚人的成績，廣汽集團董事長曾慶洪在節目中就展示了廣汽集團自主研發的最新的人工智能汽車。

那麼日本的人工智能到底發展到了甚麼程度呢？

日本的人工智能研究，首先是從大學校園裡開始的。有「日本機器人之父」之稱的早稻田大學教授加藤一郎，早在二十世紀七十年代就開始研發人工肌肉驅動之下的下肢機器人。二十世紀九十年代又研發出以液壓和電機驅動的下肢機器人。而大阪大學智能機器人學教授石黑浩帶領的研究小組，在二〇一〇年就開發出了可以模仿人類表情的女性替身機器人。

對於中國製造業來說，日本機器人最有代表性的，可能就是安川電機公司生產的工業機器人，它已經廣泛用於汽車、機械等領域的組裝與焊接。

最近，日本村田製作所研發出一套可判讀出現場氣氛和每個人情緒變化的人工智能系統，這套系統有助於教育、娛樂業或商業人士實時了解客戶情緒。比如在幼稚園，老師可以通過該系統掌握每一個孩子的情緒變化，並根據孩子們的情緒變化來調節室內溫度，為孩子更換衣服，或者由老師進行安撫。在商業談判中，也可以通過該系統了解客戶的情緒變化，掌握和分析客戶的思路，並制定相應的對策。更為重要的是，這套人工智能系統藉助於瞬間判斷功能安裝於汽車中，可以提醒司機不要打瞌睡，不要情緒急躁，並根據司機的情緒變化，自動予以提醒，播放合適的音樂或者自動調節汽車內部的溫度。村田製作所的這一人工智能系統，已經在二〇一八年二月投放市場。

日本要在二〇二〇年承辦奥運會。日本政府已經確定了一個方針，在兩年之後的東京奥運會場館之間，選手村和比賽場地之間的所有車輛都要使用全自動駕駛汽車，包括大巴和轎車。日本想把二〇二〇年的東京奥運會打造成一個科技奥運會，向全世界展示日本最新的科技實力，尤其是人工智能。

豐田汽車公司提出了全自動駕駛的「共享汽車」概念——在早高峰時段，這輛汽車根據乘客的預約，可以自動地挨家挨戶去接上班的白領，然後把他們送到公司；九點鐘以後，它開到快遞公司去送貨；中午，它就帶上盒飯到公司比較集中的地區去賣盒飯，變成一個小食堂；下午，它又去充當送貨車；傍晚，它又負責去接那些公司員工下班回家；夜裡，它就變成馬路邊的一個貨攤，給晚上出來散步或者過夜生活的人們提供精美的食品或者禮品。豐田汽車提出的這個「共享汽車」概念，不只是一個交通工具，而是一個高智能的移動空間，能夠帶給人們嶄新的人工智能生活。

日本人工智能領域的研發，還有一個很好的基礎，就是從二十世紀九十年代開始，包括東京大學、早稻田大學在內的二十多所大學，都設立了人工智能專業。人才是保證日本在人工智能領域繼續保持競爭力的關鍵。日本政府為了協調推進人工智能產業的發展，專門成立了「人工智能戰略委員會」，為企業推進人工智能產業的發展制定各項政策。

雖然在人工智能領域日本比中國早開始了幾年，但是中國的趕超速度十分迅速。其中全自動駕駛汽車的人工智能系統，正在與日本一爭高下。未來，日本的人工智能與中國的人工智能一定會有一個相互借鑒與合作的過程，兩國的合作會比競爭有着更美好的前景。

日本經濟依靠誰在支撐

我的老家在浙江省舟山市，那是一個群島城市，魚很多。以前總有人問我，你們打籃球會不會掉到海裡去？我說我們舟山可大了，舟山本島從東頭開汽車到西邊，也得一個多小時。所以，舟山人總喜歡說自己是「大舟山」，因為我們小時候，難得看到大陸。

舟山以前交通不方便，去上海、寧波都得坐船。現在從寧波到舟山，建起了海上大橋，五十多公里長，舟山也就變成了半島。大陸人民可以開汽車直接到沈家門漁港，然後在夜排檔吃完一頓美美的海鮮，再去普陀山燒香旅遊。當然你現在還可以坐飛機到舟山機場。舟山如今已經是中國的新區，也是浙江自貿區的所在地，最近正在開建從寧波到舟山的海上高鐵，將來這一條海上高鐵還將連接上海的浦東。

現在舟山有兩大在建項目，一是美國波音公司工廠，這是波音在海外的第一家工廠；二是世界最大規模的綠色石化基地。為此，浙江省政府主辦的世界油商大會最近在舟山市舉行，大會組委會希望我邀請一些日本的石油化工企業參加這次大會，於是我把日本幾大綜合國際商社的中國區總裁和能源部長都請到了舟山，結果有人不理解：徐老師，我們希望你邀請一些石油化工企業，你怎麼邀請一些國際商社的人來了呢？

我突然感悟到，我們有許多人對日本綜合國際商社不是很了解，因為中國還沒有這類的企業集團，許多人單單地把它理解成是國際貿易公司。

那麼，日本的綜合國際商社究竟是一種怎樣的企業呢？

在解讀日本綜合國際商社之前，我先來說一組數據：日本有六大綜合國際商社，它們的貿易額佔了日本對外出口總額的百分之四十三，進口總額的百分之六十二。它們的經濟規模佔到了日本整個國家 **GDP** 的百分之三十一。這組數據還是二〇〇六年時的數據，現在一定會有些變化，但應該是變得越來越大。

我們看韓國經濟，總是會認為，沒有現代集團、三星、樂天，韓國經濟就會垮掉。那麼，我們也可以認為，如果沒有這幾家綜合國際商社，日本經濟也會垮掉。

日本的這六家綜合國際商社，可以理解成六大財團。為甚麼這六家國際商社在日本國家經濟中佔有如此舉足輕重的地位，它們到底是何方神仙？

第一家是三菱集團。

三菱集團，可以說是日本綜合商社的代表。它起始於明治時代初期，創始人是岩崎彌太郎，最早從事的是海運事業。經過一百四十多年的發展，三菱集團業務範圍擴展到汽車、成套設備、軍事裝備研發製造、電子、石油化學、飛機、造船、核能等產業，並致力於城市住宅開發和新材料開發等，控制着日本的軍工產業和宇宙工業。其核心企業有：東京三菱銀行、三菱商事、三菱重工、三菱汽車、三菱電機、本田技研、麒麟啤酒、旭玻璃等。在中國最為出名的，可能還是「三菱電梯」，那是三菱集團的孫公司。

第二家是三井集團。

三井集團的歷史在日本各大商社中的悠久程度排名第二，至今已經有三百多年的歷史。它最初創建於一六七三年，一名叫三井高利的商人在東京日本橋創辦了服裝店越後屋（也就是現在的三越百貨公司）。一六八三年，他又創辦了一家兩替店（類似於中國的錢莊）開始發展金融業務。

三井集團後來與三菱集團、住友集團發展成日本的三大財閥，在日本近代產業的興起中發揮了舉足輕重的作用。

目前，三井集團在金融、化工、重型機械、綜合電機、汽車製造、房地產、核發電、半導體、醫療及辦公電子設備等行業擁有很大的優勢。其中三井住友銀行、三井物產、三井不動產公司是財團的三大支柱企業。其核心企業有新王子製紙、東芝、索尼、松下電器、NEC、豐田汽車、三越百貨、東麗產等。

第三家是住友集團。

住友集團創建於十七世紀，距今已經有四百多年的歷史。大約在一六一〇年前後，一位叫住友政友的商人在京都創辦了出售書物和藥的商店——富士屋。不久，住友政友的姐夫蘇我理右衛門在京都創辦了銅產品的加工店——泉屋。後來兩家公司合併，泉屋的標誌在一八八五年開始成為住友集團的註冊商標，至今仍被住友集團及其核心企業作為公司標誌。

住友集團的「三駕馬車」是三井住友銀行（係住友銀行與三井銀行合併）、住友金屬工業和住友化學工業，涉及的業務包括航空產業、石油化工、鋼鐵、金屬礦山開發、房地產開發、綜合電機等。

第四家是丸紅集團。

丸紅集團創立於一八五八年，以紡織業起家，至今已有一百六十多年的歷史。其核心企業有瑞穗銀行、日產汽車、日本鋼管、札幌啤酒、日立、丸紅、佳能、日本生產軸承最大企業日本精工以及農業機械最大廠家久保田等。

第五家是伊藤忠商事。

伊藤忠商事與丸紅集團是同一年創業，第一代社長伊藤忠兵衛在一八五八年通過銷售麻布的創業，持續發展歷經一個半世紀，目前的業務範圍涵蓋紡織、機械、信息、通訊相關業務、金屬礦產、石油天然氣等能源相關業務，以及生活材料用品、化工品、糧食、食品等各種商品的進出口及國外貿易、金融業務、房地產買賣、倉儲物流等業務。

第六家是雙日集團。

雙日株式會社由原日綿公司和日商岩井公司於二〇〇四年合併重組而成。日綿和日商岩井都是屬於世界五百強中的大型企業。業務範圍涵蓋燃料、能源、化學品、合成樹脂纖維、棉花、木材、糧食、食品、蔬菜等。

日綿公司成立於一八九二年，與中國有着密切聯繫。早在一九五三年，日綿公司就開始從中國進口糧食。一九六〇年，周恩來總理向日本提出了恢復中日貿易的條件《貿易三原則》，雙日集團立即予以接受，並於第二年被中國政府指定為第一家日本友好商社。

從以上的介紹中我們可以知道，日本的綜合商社是一個綜合產業體，小到雞蛋、拉麵，大到火箭、衛星，除了毒品外，可以説是甚麼都做。它們在世界一百八十七個城市設有八百多家分支機構，向國外派出一點六萬餘人。它們的信息搜集、加工處理和傳遞能力堪稱世界第一，遠遠超過了日本政府本身。

從這六家的日本綜合國際商社的經營模式中，我們可以看出其三大功能：貿易、服務、事業投資。

這六家商社，都是做貿易起家的。因此，貿易是它們的最傳統的業務，而且一做就是幾百年。但是，這些國際商社的貿易，做的不是單體貿易，而是搭建綜合貿易平台。它們作為日本企業與海內外企業之間交易的組織者，不僅從事國內貿易、進出口貿易，還從事多國間的貿易，並在貿易中，構築起了三大網絡體系：交易網絡、信息網絡和物流網絡。可以説，日本經濟與產業，如果離開了這些國際商社的支撐，將會出現崩潰。

舉一個例子，日本在二十世紀六十年代開始進入經濟高速發展期。日本企業開始要進軍海外市場，一方面要藉助於海外廉價的勞動力建立生產基地，另一方面也要開拓海外銷售市場。但是當這些日本企業開始走出國門後，發現既缺乏與外國政府和企業的人脈關係，也不了解外國的法律、行政法規，更缺乏開拓海外市場的人才，因此處處碰壁。這時候，國際商社就發揮了「帶路人」與「顧問團」的作用，因為這些商社在國外早已建立了自己的分公司、事務所、代表處，已經在世界各地建成了國際商業網絡。比如在中國，這些國際商社普遍是在二十世紀七十年代初就在北京、上海等地建立了辦事處。而日本企業開始規模性地對華投資，是在二十世紀九十年代。這些國際商社在中國二十年間的摸爬滾打，足以成為這些日本企業進軍中國的「帶路黨」。

又如，日本各大汽車製造商紛紛投資中國，中國各級政府給予這些公司以最大的支持，他們理應可以獨當一面。但是，回過頭來看，這些汽車製造商，無論是豐田，還是日產，最終依然需要依靠國際商社的協助，因為無論是在中日之間還是在中國，物流網絡的建設，國際商社比一家汽車製造商要健全得多。

所以，這也就很自然地衍生了商社的第二個業務：服務。

事業投資，是日本各大國際商社中獲利最肥的一塊業務。

日本各大商社的事業投資，不是金融投資，而是實業投資，不是短期性投資，而是長線投資。它與合作伙伴是同舟共濟，而不是威逼合作方在短期內產生巨大利益。

那麼，日本各大商社的事業投資主要集中在哪些領域？主要集中在資源、能源、環境三大領域，還包括一些大型基礎設施的項目投資。也就是說，日本國家所需要的資源，不是花錢去向別人買，而是自己掏錢去海外開發，確保控制資源源頭。這不僅是為了國家的能源、資源的安全，也是為了管控價格。

日本是一個缺乏資源的國家，很早開始，他們就把眼光向外放遠，要到全世界去尋找資源。特別是二十世紀七十年代的能源危機出現後，日本更覺得應該從戰略上考慮。

中東的石油，澳大利亞的鐵礦、煤礦，包括巴西、俄羅斯的天然氣和油田，早期這些國家開發能力不足或資金有限，因此允許外國大公司去購買它的權益。權益買下來後，大家到一定的時間就共同開發。有的買了十幾年都不動，等到需要了，再來鋪管道、建廠，煉油、抽氣。

為了能提供充足的貨源，商社會自己投資，從事勘探。而這類投資風險很大，數額很高，即使百分之二十的股份也在十幾億、幾十億美元。商社就與當地資本合作，甚至和歐美企業，像殼牌、**BP**，一起來投資開發，實現多頭需要。

日本的這些國際商社認為，能源、資源這些不可再生的東西，只會漲不會跌。大型綜合商社因為擁有投資實力，早期就已經開始運作。現在它們越來越升值。

日本的石油和天然氣，很大一部分是三菱商事和三井物產兩家公司做的。從中東買進來，把它做成各種油的產品；而同時，煉油廠、儲油罐、儲氣罐，也多是商社的。商社還在日本各地建加油站，日本幾乎每個加油站的背後都有一家商社。所以，從上游到終端，商社是一條鏈地做起來了。

所以，日本的國際商社，既是產業的組織者，又是產業的扶持者，更是戰略的投資者。

正因為日本有這些綜合國際商社的支撐與運作，日本即使在二十世紀九十年代初遭遇泡沫經濟崩潰的打擊，日本經濟依然能夠很快地得以自癒，並維持國家經濟整體不至於出現崩塌，實現完美的軟着落。

我們常常說，日本失去了二十年，但是我們看到，這二十年中，日本依然在發展，依然在創新，在許多領域依然引領世界。日本國際商社的這種獨特的經濟集團的發展模式與運作的經驗，很值得我們中國學習與借鑒。

日本企業的創新底力

二〇一八年十月二十三日，我在天津參加了「第十五屆中國製造業國際論壇」，做了一場《智能製造時代下中日製造誰能勝出？》的講演，介紹日本人如何做企業，如何自主創新。

這場講演引起了各方關注，相關演講視頻在網絡上傳得挺廣。為甚麼大家會如此關注我的這場講演？原因很簡單，因為我說出了日本企業那種「自癒自生」的發展與創新的底力。而這種底力，恰恰是我們中國製造企業正在尋覓又被輕視的東西。

我把這次講演的現場記錄稿全文抄錄如下，與讀者朋友們分享：

謝謝論壇主辦方給我這次講演的機會！我是亞洲通訊社的徐靜波。我是今天論壇的最後一個演講人，演講的目的是想為大家打開一扇看世界的窗。

日本的製造業已經到了甚麼水平，我想這是大家所關心的問題。因為時間有限，我今天集中講三個內容：

第一，日本的製造業如何轉型。

第二，日本的製造業如何創新。

第三，日本的中小企業如何發展。

一九九二年我到日本留學的時候，學校安排我們去參觀日本的麒麟啤酒廠。進去一看，就像今天這一會場大小的生產車間，只有兩名員工。日本的工業自動化和精益化管理，在二十六年前我就看到了，日本比我們中國早走了至少二十年。

中國工程院的譚建榮院士在剛才演講的過程中也講到一點，豐田汽車公司的精細化管理不是自己總結的，是麻省理工大學的教授總結的。為甚麼會出現這種情況呢？道理很簡單，日本人總是低着頭做事情，從來沒想到過要去總結經驗、去邀功。這就是「中國製造」和「日本製造」的一個差別。中國的企業有了小發明、小創造以後一定要邀功。為甚麼呢？邀了功以後可以得到許多好處，政策的傾斜、資金的傾斜，全國人大代表、政協委員、五一勞動獎章都可以獲得。但是，日本任何一家企業，有了重大的發明、重大的成果、重大的創新，只會悶聲不響，因為沒有人會表彰你，沒有一家政府機構會給你政策傾斜。如果你說了，最終沒有做到完美，那會成為行業的笑柄，有損企業的聲譽。這樣的環境就導致了日本的企業只是兢兢業業、老老實實地做自己的事情。

我們都知道，日本百年以上的企業有三點五萬家。中國有多少家？據說只有五家。瓦房店軸承集團在中國發展了八十年，作為製造企業，已經很了不起，據說當初還是日本人在中國建的第一家軸承廠。但是，在日本，像瓦房店軸承集團、江南造船廠這樣的資深製造企業有太多。為甚麼三點五萬家百年企業可以在日本存續下來？道理很簡單，就是認認真真、兢兢業業地做自己能夠做的事情，不盲目地擴大投資。做好本業，是日本企業長壽的秘密。

下面我來談今天的第一個主題。

一、日本企業如何實現產業轉型

日本產業界的轉型是從二〇一一年開始的。為甚麼是從二〇一一年開始呢？日本有一家電氣公司叫 NEC。大家可能不怎麼了解它，日本人叫它「日本電氣公司」。二十世紀八十年代，中國的四通打印機是一個偉大的革命，我們從鉛字印刷開始進入了電子打字的時代。這項技術，就是NEC提供的。NEC是日本的第一台電腦的生產廠商、第一顆人造衛星製造公司。

二〇一一年，家家戶戶還在購買電腦的時候，NEC突然決定拋棄電腦產業，這震驚了日本社會，因為NEC是日本電腦的鼻祖。結果，誰買下了NEC公司的電腦事業呢？是中國的聯想集團。但是，過去了八年，我們發現現在電腦產業已經是夕陽產業。當時NEC要把電腦產業拋棄的時候，賣了一個好價錢。但是，我們現在發現，到後來索尼公司、東芝公司、富士通公司要把電腦產業賣給人家的時候，就沒有人接盤了。NEC拋售電腦，這就是日本製造產業的先見性。因為NEC老早就認識到：傳統的電腦最終是要被淘汰的！現在我們來看，聯想買了NEC電腦產業後，業績變得越來越困難。這是NEC興起了產業的轉型革命。

那麼，現在NEC在幹甚麼呢？現在日本大部分的全自動駕駛汽車的系統就是NEC研發的。拋棄了電腦產業以後，NEC並沒有扔掉自己的半導體技術，而是繼續研發尖端的半導體技術。所以，我們可以看到日本產業的革命並不是政府引導的，而是企業的一種自我革命，是一種自我創新。

東芝和索尼拋棄電腦產業以後，索尼公司在二〇一八年創下的利潤已經達到二十年來的最高水平。索尼公司把電腦產業賣掉，電視機也做得很少，好像它的產業不太多，怎麼會有這麼高的利潤？對了，它不做殼，改做內件了。比如，它的傳感器已經佔到全球份額的百分之七十。

東芝公司把白色家電扔了，扔給誰呢？中國的美的公司。把電視機扔了，扔給誰呢？扔給我們青島的海信。前幾年，中國媒體當中有一種很大的輿論，覺得我們中國把日本最牛的產業買下來了，日本製造業垮掉了。大家想一想，現在你的家裡還看電視嗎？已經不看了。電視機的製造廠商為了把電視機多賣幾台，先告訴你的是客廳裡必須有一台，你自己的房間裡必須有一台，你孩

3，东芝抛售白色家电给中国美的、
海信。
4，索尼、东芝、松下停止电视机面
8K电视机研发生产。
SONY
第十五届中国制

子的房間也必須有一台，一個家庭三台電視機，現在一台都不看。日本人早認識到這一點，所以把電視機扔掉了。日本認為包括電視機在內的白色家電已經是一個產業包袱，或者說是產業垃圾，中韓等一些國家都已經做得很好了，沒有必要再維持這一產業。把這個垃圾產業扔掉，他們是輕裝上陣，再去開拓新的產業。這是日本電子產業的新的發展理念。

東芝、富士通、松下、夏普把手機都扔掉了。現在日本還有索尼公司在生產一部分手機，一年大概五百萬台。還有一個京瓷公司，他們自己還在生產一部分手機，因為他們有AU移動通信公司，但是都是國內使用的。大家想想他們把手機扔掉以後，技術怎麼辦呢？結果他們的零部件全部賣給中國。

華為手機這幾年發展得很快很好，華為手機在日本有一家研發中心。任正非先生很聰明，他不是把人家的生產線買下來，而是把人家的頭腦買下來。日本這麼多公司，把手機扔掉以後，有這麼多手機研發人才，他把他們高薪雇用起來，在橫濱設立了一家研究所，招募了四百多名日本的手機工程師，幫華為研發智能手機。同時，日本這些公司的手機零部件業提供給華為、**OPPO**和小米。華為手機研發得這麼好是因為用日本人、日本技術，所以**OPPO**也學，也在日本設立了研究所。因此我們可以看到，日本把手機產業扔掉了，但把手機零部件賣給中國後，獲得的利潤仍然很高。

富士通現在在構建物聯網，同時構建一個宇宙的監測系統。因為日本現在進入到汽車全自動駕駛時代，它的信號不能出現斜折線，必須是直線。也就是每時每刻在日本的上空必須有兩顆衛星，這樣才能使它的信號與汽車做到精準同步，不至於讓全自動駕駛汽車出現一秒鐘的滯後，以避免交通事故的發生。這個系統是富士通公司在研發。

再看看佳能。佳能是賣照相機的，但是因為具有高清鏡頭的手機的普及，照相機產業的日子越來越難過。佳能也開始轉型，你根本想不到，佳能現在正參與研發小型火箭。因為大型火箭的投入太大，佳能成立了一家公司，拿了百分之五十的股權，聚合了一些日本主要的電子與軍工企業，在研發小型火箭發射商業衛星。佳能把東芝的醫療設備公司買下，還開始投身醫療產業。

其實日本轉型最成功的一家企業是富士膠卷。我們年輕的時候拍照片只有兩種膠卷，一個是柯達膠卷，另一個是富士膠卷。現在柯達死了，富士膠卷還活着。為甚麼呢？富士膠卷把它做膠片的膜技術提煉出來，用於生產化妝品。同時，它在研發新藥。也就是説，富士膠卷從一家面臨淘汰的傳統企業成功轉型為高新技術企業，沒有像柯達那樣死掉。

所以，日本目前面臨的問題是產業轉型，而我們中國目前面臨的最大問題還是經濟結構的調整，二者之間還有很大的差距。也就是説，日本已經不需要經濟結構調整這樣的大動作和大難題，它只需要產業轉型，這樣的自我微調。而且這種轉型，是企業的一種自覺的轉型，不需要政府的刻意引導。所以，企業在發展過程中，一種自我覺悟、自我革命、自我創新的精神，是十分需要的。一家企業如果需要政府告訴你該幹甚麼，那麼，這家企業顯然就缺乏很好的競爭力和發展潛力，相反地，是隱藏着很大的失敗的威脅。

二、日本企業的自主創新

今年五月，李克強總理去日本訪問，他在北海道參觀了豐田汽車公司，很認真地聽了一個多小時的介紹，尤其很關注豐田汽車公司的新能源汽車。豐田的新能源汽車「MIRAI」，翻譯成中文的話，也可以叫「未來」。這款車使用的能源是氫能源系統。中國現在在拚命發展電動汽車，日本已經意識到電動汽車的電池存在兩個問題。第一個問題是容易老化，就像手機電池，過了一年，發現充電困難。第二個問題是電池處理過程會產生很大的污染。豐田汽車公司從一九九二年開始研發氫能源技術，現在這個氫能源汽車已經銷售了六千多輛，年產三千輛。

這個汽車有甚麼特點？豐田汽車公司廣報部安排我去開了一次。這輛汽車充氣三分鐘，可以開六百五十公里。它跟加油一樣便捷，而且價格比汽油便宜。李總理看了以後，他就覺得我們的電動汽車政策需要調整。中國現在就開始研究日本的氫能源的未來發展方向。

豐田汽車公司不是僅僅把氫能源裝在汽車上，而是把它開發成移動電源。當地震發生以後，當海嘯來臨的時候，或者當颱風來襲時出現停電，這輛汽車的氫能源可以接上家裡的電源，保證一戶家庭一個星期的正常電力供應。然後，把氫能源反應裝置搬到大樓裡，可以供這個大樓所有的供電所需。日本政府現在宣佈要進入氫能源社會，家家戶戶只需要安裝小小的氫能源反應裝置，就不再需要電力公司提供電網供電，氫能源反應裝置排放出來的是清水，對環境沒有污染。氫能源是未來最清潔的能源，也是取之不盡的能源，豐田汽車公司已經宣佈完全開放這一技術，造福人類。

日本現在很重視尖端醫學的研究。今年日本又獲得了諾貝爾獎。十八年，一年一個。我們中國才兩個。為甚麼日本的諾貝爾獎會出現井噴現象？因為日本比較重視基礎研究，而我們中國比較重視應用研究。馬雲先生把應用研究做得很好，一個技術拿來以後，做成了一家大電商。馬化騰先生也做得很好，一個微信——交友信息軟件，可以打造成百貨平台和金融平台。但是，日本人覺得技術應用雖然需要，但基礎研究更重要。所以，日本科研經費的百分之五十五用於基礎研究。正因為有扎實的基礎研究，才會有諾貝爾獎。豐田的氫能源技術從一九九二年開始研究，到二〇一四年才開始應用。你說中國哪家民營企業願意花二十多年的時間去研究一項技術？沒有。日本做到了，他們有這個耐心，也願意花這份錢。研發成功之後，還願意向全世界公開這項技術，提供免費利用，做得還很有情懷。

日本現在致力於徹底攻克癌症堡壘。今年獲獎的本庶佑教授，他研究的成果很有意義。癌細胞和人體的正常細胞之間相互碰撞以後不會產生融合，也就是健康細胞無法消滅癌細胞。為甚麼會出現這一問題，本庶教授花了很長的時間去研究，終於發現癌細胞表面裹了一層蛋白質。他於是再與醫藥公司合作，發明了一種藥，可以把這個蛋白質打掉，使健康細胞可以對癌細胞發動進攻，最終把癌細胞消滅掉。現在這款新藥已經開始出售了。日本二萬多病人使用了這款新藥以後，總有效率達到百分之三十。本庶教授自然是不滿足，他希望今後人們可以像治療感冒一樣吃幾片藥打幾針就可以治癒癌症。所以，本庶佑教授將自己未來的專利所獲，和諾貝爾獎的所有獎金拿出來，湊了一千億日元，相當於六十億人民幣，以個人之力設立一個醫學研究基金，最終要攻克癌細胞。我想到了兩個字「偉大」。

剛才中國商飛公司的副總經理郭博智先生介紹了我們大飛機研發製造的情況，我們為中國開始擁有大飛機感到自豪。但是，我們也必須注意到一個事實，一架大飛機，五百多萬個零部件，最初在中國只能找到三分之一，還有三分之二找不到，所以我們C919客機需要海外二百多家一級供應商。波音787是美國的，但日本人認為這是日本準國產飛機。為甚麼這麼講？這個飛機的機體不是用鋁合金做的，而是用日本東麗公司研發的碳纖維；造機體的是三菱重工。你看波音787客機的翅膀像鯊魚的鰭一樣，是弧形的，鋁合金是做不出弧形的，只有碳纖維能做出。碳纖維還有一個特點，它的室內溫度比鋁合金機體的室內溫度高六度左右。同時，它的重量比鋁合金的重量減少百分之三十，意味着灌同樣的油，它可以多飛百分之三十的航程。它的機頭是富士重工造的，它的電子系統是松下電器提供的。這就是日本的航空工業的現狀。大家一定是第一次知道這個事情，因為日本企業做事不吭聲，不喜歡張揚。

三、日本如何扶植中小企業

上午在舉行中國前五十家製造企業圓桌會議的時候，我就講到我們中國的製造業如何做精益化、數字化、智能化的問題。其實我們的政府和企業也想了許多的點子，做得也很努力。我昨天去參觀天津的西門子弗萊德公司，他們的精益化做得很好，我覺得我們中國人完全可以把企業管好。但是，要做到精細化，要實現數字化和智能化，單靠企業自身的努力是不夠的，要解決好三大問題。

第一大問題是政府是幹甚麼的。政府的職責就是要給製造業創造一個很好的、舒適的、通暢的行商環境。你鼓勵企業去搞數字化、智能化。我買機器人的錢哪裡來的？沒錢。為甚麼沒錢？我納的稅太高了。你能不能把稅給我減一點？政府應該去做這件事情。日本的法人稅已經從百分之三十減到了百分之二十三，中小企業的法人稅已經從百分之二十五減到了百分之十五。我們中國有沒有可努力的餘地？我想絕對有的。因為我們的政府比日本政府富裕得多。

第二大問題是資本。一家企業發展需要資本，資本來自甚麼地方？來自自身的積累、銀行和社會。中國製造業現在依賴的資本，最大的不是自有資本，也不是銀行資本，而是社會資本。我們這裡在座的有投資公司的總裁，你們眼睛盯着的是，投下去以後，甚麼時候能夠把這家企業做上市，我能獲得最大的利益。中國創新企業有一個綽號，叫「輪企業」，A輪、B輪、C輪投資結束後，企業還沒有實現盈利，但是號稱股值已經達到了幾百億美元，於是包裝上市，大家分錢。投資基金是一把雙刃劍，它能夠助推企業在初期飛速發展。但是，它也是一根上吊的繩子。為甚麼這麼說？大家知道，所有的投資基金，跟企業都有對賭協議，五年或者八年，你做不到他的期望值，你就死掉了。你上市以後，過了若干年，它把資金一抽逃，你怎麼辦？就像火箭發射衛星，上去以後，還沒進入軌道，推動力沒了。所以，許多所謂的創新企業一上市就黃，原因就在這裡。

大家是玩錢，而不是做實業。

日本怎麼做？日本企業幾乎都是豐厚的自有資金，為甚麼日本企業有這麼多錢？因為他們善於積累，存錢過日子，不會亂花錢，即使上市，也只做本業，不會盲目擴大投資。

我舉個例子，京瓷公司是稻盛和夫先生創辦的，稻盛和夫先生說過一句話，他說京瓷公司七年不賺錢，公司也不會垮。甚麼意思？說明他的公司有很多的現金積累，可以不賺錢也能維持七年，大家要知道，京瓷的員工數是五萬人。

日本企業有一句經營行話，叫「安全駕駛」，企業一定要有大量的自有資金的積累，這樣的話，不管遇到多大的風浪，金融危機、泡沫經濟崩潰，企業都可以支撐三年、四年、五年。然後，我可以用充裕的時間和財力，慢慢地轉型，慢慢地提升自己的產業。特朗普再打壓，我也不會太害怕。

日本銀行協會調查了中小企業，問他們要不要銀行貸款？百分之七十的中小企業告訴銀行：我們不要你的貸款。日本的商業貸款的利率是百分之一點五，這麼低的利率大家還不要，說明日本企業真的有點錢，而且還沒有太大的野心！東京股市從二〇一二年安倍上台的八千點已經上升到二萬二千點。我們必須看到，日本企業這幾年不是在走下坡路，而是在走上坡路，而且始終是默默地往前走。

我很感激工信部中國機械工業企業管理協會和製造業國際聯盟邀請我擔任論壇特別顧問，我建議承辦這一論壇的愛波瑞集團的王洪豔總裁，明年組織大家到日本去考察，考察日本的行商模式、製造業的創新能力，還有政府和企業之間如何互動、政策如何制定、如何開拓市場，不單單是精益化管理的問題。

我覺得日本企業這種沉穩、恆久的發展模式應該成為中國企業參考的範本。

日本為何十八年能獲十八個諾貝爾獎

在中國國慶節時，諾貝爾獎評審委員會宣佈，日本京都大學特別教授本庶佑先生獲得二〇一八年度的諾貝爾醫學與生理學獎。

本庶佑教授是在自己的研究室裡與助手們一起討論論文時接到諾貝爾獎評審委員會的電話的。接完電話後，他「哇」了一聲，助手們知道，老先生遇到好事，總會這麼大叫一聲。

七十六歲的本庶教授是研究細胞免疫學的權威。他得知獲獎消息的場景，要比他的後輩同僚山中伸彌教授光彩。二〇一二年，同是京都大學醫學教授的山中先生接到諾貝爾獎評審委員會的通知電話時，正在家裡修洗衣機。而本庶教授還在自己的研究室裡討論論文。

本庶教授是日本十八年來第十八位獲得諾貝爾獎的科學家。二〇〇一年，日本政府在第二個科學技術基本計劃中提出過一個「諾貝爾獎培養目標」，當時的目標是「五十年要拿三十個諾貝爾獎」。海外輿論曾指出：「日本政府口出狂言。」現在才過去十七年，已拿了十八個。

為甚麼日本會有這麼多的科學家獲得諾貝爾獎？除了科學家善於自我反省和勤奮研究之外，日本的科研環境、評價機制以及經費保障等因素都功不可沒。尤其是大學與科研機構不急功近利，不搞短視評估，允許教授和科研人員長期研究，是一個很重要的客觀環境因素。

在日本，大學教師不會因為在一段時間內沒有出科研成果而擔心受到冷落或失去飯碗。在研究過程中，個人的自由度很高，也很少受政府和社會的諸如考核、評價等干擾，可以長期潛心從事研究。

日本的科學技術基礎計劃並不是由政府直接參與管理、評審，而是由專業機構負責進行。而且，獲得各項政府計劃資助的學者不像中國入選長江計劃、千人計劃的學者，馬上就有了某種身份標籤，在學術活動中享有高人一等的特權，享受各種津貼。日本的學者只能通過認真研究，以成果來證明自己的學術地位，而且研究成果不是由政府行政部門評定，而是由學術同行來評定。

日本產生了如此眾多的諾貝爾獎獲獎者，與日本科學家視野開闊、注重國際交流、始終把握世界最尖端的研究成果不無關係。

一九八七年諾貝爾生理學或醫學獎得主利根川進先生，是日本國籍的美國麻省理工學院的教授，他的科學成就大都是在美國的實驗室中取得的；二〇〇〇年諾貝爾化學獎得主白川英樹和二〇〇一年化學獎得主野依良治都曾在美國大學進修。而這次獲得諾貝爾醫學與生理學獎的本庶教授，博士畢業後也在美國的醫學研究所裡進修過。

此外，一流的實驗條件為日本科學家提供了堅實的保障。特別是對像物理學、化學、生命科學等非常強調實驗的學科來說，一流的實驗條件顯得尤為重要，有時候甚至是決定性的。

二〇〇一年野依良治獲獎後，日本政府撥專款七千萬美元為他建立實驗設備先進的研究中心。日本正是憑藉其精湛的加工工藝和雄厚的產業基礎，為科學家進行創新研究提供了世界一流的工作條件。二〇一二年，日本政府為京都大學的山中伸彌教授配置的 **iPS** 細胞研究中心，單設備經費就高達一百五十億日元（約合一點三六億美元）。

另外，日本科學家的職業威望高、工資待遇豐厚也為他們全心致力於教學、研究提供了有利條件。調查結果顯示，在日本一百八十七種職業中，大學教師的職業威望的得分為八十三點五，僅次於法官、律師的八十七點三分，居第二位，遠遠高於大企業高官和國家高級公務員。而且大學教授的平均年收入約為一千一百二十二萬日元（約九十萬元人民幣），大大高出國家公務員的六百六十三萬日元。

上述諸多原因奠定了日本培養和誕生諾貝爾獎獲得者的土壤與環境。未來三十多年中，日本再誕生十幾位、二十幾位諾貝爾獎獲得者，依然具有很大的可能性。

那麼，本庶教授是如何走上通往諾貝爾獎殿堂之路的呢？

本庶教授的父親是一名醫生。也許因為家教，他高中畢業之後，考上了京都大學醫學部。京都大學號稱「第二國立大學」，關西地區的年輕人大多喜歡上「京大」，而不喜歡跑到東京去上「東大」（東京大學），並非因為離家遠，而是因為京都大學的學風很特別，一向以「自由散漫」著稱。

本庶教授在京都大學一直讀完博士，最終沒有去做臨床醫生，而是選擇搞研究。因為他有一個信念，那就是「做少數人才願意做的事才能出成果」。

無論是後來去美國的醫學研究所進修，還是在東京大學當助手，他在獲得一系列細胞新發現之後，依然回到了度過青春時代的校園，當起了京都大學的教授，退休後繼續當名譽教授、特別教授，即使七十九歲了，還待在學校的研究室裡搞研究。按照本庶教授的說法：要幹到幹不動為止——京大的「自由散漫」正在演變成「自由浪漫」，因為這個陳舊的校園已經成為世界尖端醫學研究的核心高地，號稱「萬能細胞」的 iPS 細胞，就誕生於此。

本庶教授此次獲獎的研究成果「PD-1」免疫蛋白，是在一九九二年發現的。基本原理是：人體中最多的免疫細胞（T 細胞），在與癌細胞的結合中，免疫功能無法發揮作用，這是因為兩種細胞之間存在着一種阻斷物質，那就是本庶教授發現的「PD-1」免疫蛋白。只要抑制「PD-1」，就可以打通免疫細胞與癌細胞之間的阻斷，使得人體自身的免疫細胞能夠逐步吞噬癌細胞，最終消滅癌細胞。

獲得過諾貝爾物理學獎（一九七三年）的橫濱藥科大學校長江崎玲于奈教授對於本庶教授的這一重大發現的評價是：「為全人類最終戰勝癌症做出了偉大的貢獻。」

二〇〇二年，本庶教授的這一研究成果在小白鼠身上得到了驗證。但是，要基於這一成果開發出相應的治癌藥物，難度相當大，首先是經費。本庶教授説，無論是政府、學校還是企業，一項科研項目所能給予的時間，一般只有五年。但是，這項研究成果從發現到變成藥物，並實現臨床使用，花了整整二十二年的時間。

本庶教授深知自己研究成果的意義，因此在完成小白鼠實驗後，下決心要把自己的研究成果轉化為生物藥品，以此來拯救癌症患者。

結果，他拿着這一研究成果找了海內外多家製藥公司，得到的都是失望和搖頭，沒有人對這一成果持完全信任的態度，因為整個社會對於免疫細胞治療癌症的方法持懷疑態度。

最後接受的是一家名叫「小野藥品工業」（ONO）的公司，這家公司是大阪市的一家製藥廠，這家藥廠向本庶教授伸出了合作之手。二〇一四年九月，小野藥品工業公司生產的第一款抗癌藥ニボルマブ（Nivolumab）獲准投放市場。這款藥能夠激活體內原有的細胞殺傷腫瘤細胞，副作用小，目前的臨床數據顯示，肺癌、黑色素瘤、腎癌等七種惡性腫瘤中部分患者可以到達完全緩解，效果非常明顯。

本庶教授的這一發現，催生了癌症治療的免疫療法，這是繼外科手術、化學療法、放射線療法之後的第四大癌症治療法，隨着諾貝爾醫學獎的獲得，將為全世界所公認。

小野藥品工業公司稱，四年來，共有二萬五千名癌症患者使用了這款 Nivolumab 抗癌新藥。其中僅二〇一七年一年，使用這款抗癌新藥的患者：黑色素瘤患者五百四十人、肺癌患者七千三百人、腎癌患者二千二百人、淋巴癌患者一百九十人、頭頸癌患者二千四百人、胃癌患者四千二百人，共計一萬六千八百三十人。其中也包括日本前首相、現任二〇二〇年東京奧運會組委會主席森喜朗。按照安倍首相的賀電說法：「您拯救了他的生命。」

有明醫院一百多年前就開始癌症治療與研究，現任呼吸器內科部長的西尾誠人在使用這一新藥對眾多患者進行治療後表示：「這是一款讓癌症患者能夠獲得長久生存的令人驚訝的藥。」

治療研究結果顯示，肺癌擴散中的患者，一般都被認為是難以長久生存的，但是使用了這款抗癌新藥後，五年的生存率提高了百分之十六。

但是，Nivolumab不是治療癌症的萬能藥，並非人人有效。臨床使用結果顯示，只有百分之二十到百分之三十的患者感到有明顯療效，而且治療費用奇高。最初一年的治療費用需要三千五百萬日元（約二百一十二萬元人民幣），在納入醫保範圍之後，政府負擔加劇。在政府的要求之下，這款抗癌新藥一年中四次降價，目前一年的治療費用只需要一千零九十萬日元（約六十六萬元人民幣）。那麼個人承擔百分之三十的話，就只需要花費十幾萬元人民幣。

如何讓這款新藥惠及更多的癌症患者？這就需要進一步的研究。本庶教授在獲得諾貝爾獎的第二天就作出一個決定，捐出自己全部的獲獎獎金約七千五百萬日元設立一個基金，同時將自己的專利以及今後與小野藥品工業公司合作所獲得的利益全部捐給基金，最終基金金額將會達到一千億日元（約六百零六億元人民幣）。本庶教授計劃今後每年拿出四十億日元，資助四十名年輕的醫學研究者，以每人一億日元（約六百五十萬元人民幣）的資助額，鼓勵年輕的學者們投身於基礎醫學研究，以發現更多的有效細胞，攻克癌症這一令人類痛苦與恐懼的疾病。

在母校舉行的記者會上，本庶教授說了兩句話：第一句是「我相信，到本世紀中葉，一定能夠完全攻克癌症」。第二句是「一切功勞首先歸於我的夫人，她是總指揮」。

陪同丈夫出席記者會的本庶夫人笑着說：「過去幾十年，我們搬了幾十次家，丈夫研究到哪裡，我們的家就租到哪裡。我相信，今後我們不需要再搬家了。」

一位如此優秀的科學家，居然沒有一處固定的豪宅，還把自己的諾貝爾獎獎金和今後自己的專利所得全部捐獻出來，獻給人類的抗癌事業。我們只能用「人性的偉大」來讚美本庶教授，也讚美默默支持丈夫的本庶夫人。

人活着到底是為了甚麼？本庶教授的情懷，令我們深思。

日本進入第四消費時代

早上起來，我泡了一壺茶，靜靜地看一本書，叫《第四消費時代》。這本書是日本社會學家三浦展寫的。他早年寫過一本《下流社會》，說的是經過泡沫經濟崩潰的打擊，日本中流階層已經崩潰，開始進入「下流社會」。

三浦先生出生於一九五八年，今年剛好六十歲。他畢業於日本最著名的商科大學——一橋大學社會學部，後來成為市場營銷信息雜誌《穿越》(*ACROSS*)的主編。一九九〇年，他進入三菱綜合研究所工作，後來辭職成立了一個文化研究所，一直致力於在研究世代、家庭、消費以及城市問題等基礎上，提出社會改造新方案。他寫的書不少，其中《下流社會》《簡約一族的叛亂》

《愛國消費》《今後郊外的去向》等，都成為暢銷書。

《第四消費時代》是二〇一二年出版的。我在下班回家的路上，經過一家舊書店，發現了這本書。我覺得，三浦先生對於社會的分析與前景的展望，有着獨到的見解。比如，他認為新時代的消費理念，已經從崇尚時尚、奢侈品，經歷注重質量和舒適度，進而過渡到回歸內心的滿足感、平和的心態，關注地方的傳統特色和人與人之間的紐帶上來。

也就是說，日本已經告別了追求名牌和奢侈品的時代，進入了個性化、簡約化、精神化的消費時代。

三浦先生的話，讓我想起了 **LV** 包的故事。

日本是在二〇〇〇年前後開始出現 **LV** 的熱潮，那時候，**LV** 成了東京街頭最亮麗的一道時尚風景，日本女性幾乎到了人人擁有的地步。

但是，日本社會的 **LV** 熱潮僅僅持續了五年左右。因為當一種東西成為人人擁有的氾濫品的時候，它就變得不值錢。所以日本在進入二十一世紀之後，**LV** 包突然從街頭消失了。如果你現在還拎着一個 **LV** 包在逛街的話，那麼很有可能會被當成鄉下人，因為 **LV** 包在日本已經被打上了暴發戶的印記。

三浦先生在《第四消費時代》一書中，把 **LV** 的熱潮歸類於第三消費時代。

三浦先生認為，第一消費時代是從大正時代起到第二次世界大戰（一九一二至一九四五年），當時，經過明治維新運動，日本全面引進西方的政治、文化、教育、社會和軍事制度，使得西方化的商業社會也逐步形成，日本開始有了電燈、百貨公司、劇院、寫字樓、公寓，街上經常可以看到打扮時髦的「摩登女郎」。同時，城市化開始湧現，人口向東京、大阪、橫濱等大城市流動，近代都市化呈現雛形。這種西洋式的生活形態，被認為是時代進步的象徵。

那麼，從第二次世界大戰後到一九七四年的中東石油危機，這三十年，是日本的第二消費時代。這個時代有甚麼特徵呢？首先是日本進入經濟高速發展時期。電冰箱、洗衣機、電視機等家用電器開始進入普通百姓家庭。新幹線奔跑於東京與大阪之間。百姓生活經歷了「從無到有」的轉變，消費需求是大眾化、標準化，你家有，我家也必須有，不能落後。這一消費時代的另一個特徵，就是「以大為好」，彩電要買更大的、房子要買更大的、車子要買更貴的。大家覺得，擁有比別人更大的商品就更有幸福感。正是這種「能買東西就是有錢的象徵」的意識在作怪，促使日本連續十八年，**GDP** 增長率保持在百分之九以上。

第三消費時代是追求個性的時代，人們對標準化的、重量不重質的消費觀念嗤之以鼻，希望通過購買特色商品體現與眾不同的自我。這一時期，是從一九七五年到二〇〇四年的三十年。

第三消費時代有一個很有趣的特徵，那就是推崇商品的個體擁有和多種擁有。比如，日本在第二消費時代時家家戶戶就已經普及了電視機。面對市場的飽和，家電公司想出了一個辦法，那就是同樣商品的個體擁有，鼓吹電視機應該「一人一台、一房一台」。而汽車公司也打出了這樣的口號：爸爸打高爾夫球開的汽車和媽媽去超市買菜的汽車不能是一種風格。

精工手錶是日本最有代表性的鐘錶公司，它有一句很誘人的廣告語：「（既然每天都要換衣服）難道手錶就不用換着戴嗎？」這則廣告推出後，許多人想想也是，不同的場合要穿不同的衣服，也應該佩戴不同的手錶。商家的這種鼓吹，成功地點燃了人們的消費慾望之火。

比起實用性，大家更加講究附加在商品上的「感性」和「附加價值」，因此，追求名牌也成為這個時代的重要特徵。購買 **LV** 包的熱潮，就在這一時代產生了。

第三消費時代是「高度消費時代」。在這個時代裡，日本實現了第二次世界大戰以來的夢想：「身在日本，享受西方一流國家的物質生活。」強烈的物質慾望，催生了諸多的虛榮性消費，擁有比他人更貴重、更稀有的物品，以吸引人們羨慕的眼光與美麗的恭維，滿足自己的虛榮感，成為這一消費時代的又一大特徵。

日本的第四消費時代，是從二〇〇五年開始出現的。這一時代的出現，有一個很重要的社會基礎，那就是，沒有經歷過泡沫經濟的「平成一代」（「九〇後」）年輕人開始走入社會。在他們的成長歲月裡，日本泡沫經濟崩潰，整個日本經濟都是處在超低空飛行的狀態，他們不知道父輩們曾經大把花錢，徹夜沉醉於銀座與新宿歌舞伎町的生活，總是感覺家裡的開支處於一種「剛好平衡」的勉強狀態。另外，過去幾十年帶來的經濟高速發展，使得家裡該有的都有了，那種「好想要」的慾望越來越弱。

二〇〇五年之後，日本進入互聯網信息時代。人與人之間的交流，不再通過書信與電話，而是通過手機短信、Facebook、LINE等工具進行頻繁的交流。以前人們約會，總感覺需要電話、郵件聯繫，但是進入互聯網信息時代之後，可以實現瞬間聯絡，而且個人的文字信息和照片、視頻等，均可以實現與他人的共享。由此，人們獲得幸福感的思維方式發生了變化：原來與別人建立一種交流關係是那麼快樂的事情。

第四消費時代的一大特徵，就是大家開始意識到，把大量的金錢花在與人攀比的消費上是沒有意義的。更多的人渴望把消費用於購買「美好的時光」。最具代表性的消費方式是，東京銀座和六本木、新宿等商業區湧現出大量的站立式餐廳，大家各自買上一杯生啤，圍着一個紅酒桶喝酒聊天。許多人認識到，比起物質，人與人之間的連接感會帶來更大且持續的滿足感。

二〇一七年，日本出版了一本漫畫書《東京白日夢女》，這本書對於「九〇後」的消費傾向的變化進行了詳細的描述。

漫畫故事中，倫子是個不出名的小編劇，阿香經營着一家美甲店，小雪在父親開的居酒屋裡當廚娘。她們三人都是一個地方小城的高中同學，因為嚮往大城市的生活，畢業後一起來到東京謀生。不知不覺，她們從二十出頭打拚到了三十三歲，結果沒有一個人能如願結婚。雖然備受打擊，但是她們依然懷揣着夢想一天天地生活着。因為，十幾年來沒有斷過的閨蜜聚會，始終是她們最快樂的時光。

原先聚會時，她們總喜歡把自己打扮得漂漂亮亮，走進高級精緻的意大利餐廳，點一杯當時最流行的血橙桑格利亞，或者品嚐自己都不知道名稱的葡萄酒，去努力地表現一種「高級白領」的優雅，美其名曰：對自己的投資。

但是過了三十歲，她們的想法發生了改變，開始遠離意大利餐廳，鑽進了路邊低矮的庶民居酒屋，喝着日本酒，吃着口味很重的豬肝雞腸。她們覺得，居酒屋的價格比意大利餐廳便宜，不需要裝出優雅，可以大聲說話，還能享受微醺的快感。

這三個女人消費觀念的變化，折射出了日本整個時代的變化。

最近幾年，日本人開始崇尚「簡約生活」，而積極推崇這一生活的，是一位家庭主婦，名叫山下英子，她寫了一本書，叫《斷捨離》。山下英子在書中號召大家把家裡半年以上不碰的東西統統扔掉，留下必須天天使用的東西。

「簡約生活」並不是為了厲行節約而刻意忍耐，而是有意識地選擇生活。把原先消耗在物質上的時間和金錢，投入積累人生體驗和豐富感受上，不重視物質攀比，而是享受個人生活的安心感和餘量感，收穫精神層面的富足。不少年輕人願意離開大都市，前往農村海島去過一種田園生活，便是這種富足的表現。

在第四消費時代，日本年輕人不買房不買車，只買一部手機。日本消費指數一直處於低迷狀態，似乎進入了一個「無慾社會」。但是，日本國民的生活幸福感是否因為物質的不滿足而低下呢？

日本內閣府於二〇一八年八月發表的一份調查報告顯示，日本有百分之七十四點七的國民對於目前的生活感到滿意，這一調查結果是一九六三年以來的最高紀錄，也超過了二〇一七年零點八個百分點，連續兩年刷新了歷史最高水平。

這說明，隨着時代的發展，人的價值觀已經發生變化，幸福也呈現出不同的形態，物質的滿足已不是幸福的最高體現，人們更多地追求簡約的自我，享受精神的愉悦。這種自由選擇幸福的消費模式，才是第四消費時代的真諦。

東京的房價到底還會不會漲

中美貿易戰越打越烈，有些人對中國經濟的前景產生了擔憂。有好幾位朋友問我：「東京的房價還會不會上漲？」啥意思呢？就是說，東京房價還會上漲的話，就想到東京來投資買房。

確切地說，東京的房價要比中國的北上廣深地區便宜三分之一到一半。物價是世界最貴的城市，為甚麼房價比中國大城市還便宜呢？用中國流行的一句話來解釋，那就是日本人一直很清楚：房子是用來住的，而不是用來炒的。

所以，我們在日本社會看到，日本沒有中國式的炒房團，也沒有買幾套房子囤起來的囤房團，房價自然也就高不起來。

但是，東京馬上要在二〇二〇年舉辦東京奧運會，房價會不會因此再往上漲一把呢？

我去日本不動產研究所採訪，研究部長山本先生告訴我，從二〇一三年到二〇一八年，東京的房價普遍上漲了百分之十五，個別地區上漲了百分之二十。這也是二十世紀九十年代泡沫經濟崩潰以來，東京出現的第一次房價大幅上漲的現象。

為甚麼東京的房價會出現這麼高的上漲？主要原因有這麼幾個：

第一，居住在郊外的公司白領們開始出現回歸東京市中心的趨勢。

在日本經濟高速發展時期的二十世紀

七十年代和八十年代，日本的白領階層深受美國文化的影響，熱衷於在東京的郊外建造一戶建的別墅，覺得擁有自己的一套鄉村別墅，是富裕的象徵。加上日本積極發展地鐵和輕軌等公共軌道交通，使得原先居住在東京市中心的公司白領們，紛紛搬遷到千葉縣、埼玉縣、神奈川縣等郊區地區，類似於上海人跑到江蘇的蘇州、無錫或者浙江的嘉興、湖州去居住，這些地區看起來是郊外，但是坐上地鐵和輕軌，上班時間也都在一個小時之內。因此，東京郊外湧現出了一座座新城。

但是，當這些公司白領們逐漸老去的時候，他們懷念起都市的生活，於是從二〇一〇年開始，出現了一種「回歸東京市中心」的熱潮。於是，日本各房地產開發公司在東京的市中心，甚至在赤坂、六本木這樣地價很高的高檔商業區，開始興建一棟棟三十層以上的超高層住宅樓，以接納這些回歸市中心的人們。而這些超高層住宅樓的價格，兩室一廳都在一億日元（約六百萬元人民幣）左右，這樣就拉高了整個東京的房價。

第二，外國人在東京大量購房。

日本不動產研究所的調查數據顯示，在新建住宅樓市場中，外國人購房的比例，已經佔到百分之十五。而在二手房的購房市場中，外國人購房的比例，已經高升到百分之二十八。而這些外國人中，主要是中國人。

最先在東京買房並做出租生意的是台灣人。後來香港人也參與進來。他們買了房之後，就委託東京的房屋管理公司幫他們出租給留學生並負責收租管理。五年前開始，中國大陸地區的人也開始在東京大量買房。

說起來很有趣，中國大陸買房者在東京買房，最初都買在新宿區，尤其是歌舞伎町周邊地區，房間都很小，最搶手的是單身公寓。主要是租給深夜在歌舞伎町打工的陪酒小姐和酒保們居住，因為深夜下班時沒有了地鐵、輕軌，他們無法回家。到了最近幾年，來自中國大陸的一批做民宿的投資者大量湧入，使得整個東京市中心的二手房市場都熱鬧了起來，甚至出現了轉手買賣的中介機構。

還有一個原因，是來自中國大陸的留學生們開始買房。留學生買房在過去是不可想像的事情。但是，一些中國父母認為，一方面，東京的房價比中國國內便宜；另一方面，反正孩子在東京留學也需要租房子每月付房租，還不如先買一套給孩子住，以後即使不在東京待的話，還可以拋售出去撈本回來。

再一個原因，是不少中國留學生畢業後就留在東京工作和生活，中國的父母認為，反正要給孩子準備一套結婚的新房，不如在東京買更便宜。所以，東京的房地產市場出現了中國人父母為孩子買房的趨勢，而且幾乎都是買新建的公寓樓，也有的直接買一戶建小樓。

第三個原因，商業地產價格的上升拉動了住宅地產價格的上漲。

在過去五年間，每年來日本旅遊的外國遊客從一千萬人猛增到二千八百萬人，而且繼續保持年增百分之二十以上的趨勢。到二〇二〇年東京舉辦奧運會時，預計來日本的外國遊客總數將會達到四千萬人。這麼多外國人的湧入，使得日本一些公司紛紛購置土地興建酒店和免稅商場等商業服務設施，導致東京的商業地價出現了泡沫經濟崩潰以來的最高價格。而商業地價的上升，自然也拉升了住宅地價，導致東京整體房價的上漲。東京住宅地價在最近幾年，總體上漲了百分之五。而房價總體上升了百分之十五。

那麼，接下來的問題是，東京的房價還會不會繼續上漲？

答案是「漲不上去」。

為甚麼會認為東京的房價會漲不上去呢？

我們來看一個數據，二〇一八年一至五月，東京新建住宅的開工率，比二〇一六年同期大幅減少了百分之六十八。這説明甚麼問題？説明兩點：一是新建住宅出現了較高的空房率，也就是説，有一部分房子建好後賣不出去；二是購置新房的人減少。

大家要知道，日本各大商業銀行的房貸利率普遍只有百分之零點五，而中國普遍要達到百分之七。東京這麼低的房貸利率，還沒有人貸款買房？這只能説明東京人的消費慾望越來越低，買房不如租房的意識也是越來越強。

東京房價今後漲不上去的第二個原因，是日本政府嚴格規範和限制民宿經營，這就斷絕了以中國人為主的外國人購房團在日本大量買房的慾望。第三個原因，是中國政府嚴格控制了外匯的流出，使得中國大陸買房者要想在東京買一套房子，無法從國內通過正常的渠道將大筆的購房資金挪到日本來，只能靠隨身一點一點帶，這也大大打擊了中國人購房的積極性。自從日本在六月中旬實施嚴厲的民宿新法之後，東京的二手房市場價格已經出現回落。

其實，阻礙東京房價上漲的更重要的一個原因，是空房率的大幅增加。

目前，日本全國空閒的房子有多少呢？根據統計的口徑不同，數據也不同。日本總務省的統計數據顯示，到二〇一八年，全國的空房會達到一千萬套。但是根據日本不動產研究所的估算，目前已經達到了二千四百萬套，到二〇三〇年，將會增加到三千萬套。而日本全國總人口才一點二七億人，以三口之家來計算的話，也只需要四千萬套。到底是政府的數據準確，還是民間的數據準確？我們很難斷論，但毫無疑問的是，日本全國的空房率是很高的，這些空房大多出現在三四線城市，最高的是栃木縣，已經達到了百分之三十。相較而言，東京的空房率偏低，總務省的統計數據稱，東京目前空置的房子，包括辦公樓，大約是八十萬套。但是民間的數據則高達一百六十萬套。

值得注意的一個傾向是，一些在泡沫經濟時期努力工作的公司白領們，現在已經都七八十歲了。日本的養老產業最近流行一種商業養老模式，就是你把自己家的房子賣掉，然後把獲得的賣房資金交給養老院，養老院來負責照顧你的晚年生活，直到告別這個世界。這樣的話，既解決了自己的養老問題，又不需要讓子女去承擔遺產稅的問題。

這樣一來，日本老年人拋售住宅，尤其是一戶建住宅的會越來越多，使得東京的空房率會在未來幾年內出現大幅增加，二手房市場將出現供給過量、房源大大過剩的問題。

第四個原因，是東京奧運會。我們中國人搞房地產，喜歡炒概念，小到海景房、湖景房、公園房，大到奧運樓盤、世博會樓盤，覺得這些地方房價一定天天漲。但是，日本人沒有這種概念，他們認為，開奧運會只有十幾天的熱鬧時間，開完之後，必然冷清，完全沒有必要把自己的家安在生活設施短缺的奧運村附近。他們認為，住宅區必須具備以下生活元素：有醫院、有銀行、有中小學、有幼稚園、有超市、有購物中心、有洗衣店理髮店、有居酒屋、有商店街。缺少這些因素的地方，都是不適合居住的，而只適合於辦公或購物。所以，在東京，沒有人去炒奧運樓盤的概念。也就是說，東京奧運的概念無法刺激房地產市場。事實上，東京奧運會還沒有開，房價就開始下跌。

綜合上述幾大原因，可以斷言，東京的房價不太可能再漲。如果說還有上漲的空間的話，那就是新建的超高層住宅樓，這些住宅樓幾乎都是在東京都的市中心，對於年輕的白領們具有很高的吸引力。同時，我們中國人在國內已經住慣了高層公寓，因此，在東京也很喜歡購買高層公寓，尤其是最高層，可以看東京夜景。所以，東京的超高層新建公寓樓裡，中國人佔據了很大的比例。這樣的房子，到時候轉手，多少還是能夠賺回一點錢。但是，住在高層必須要有一顆堅強的心，一旦地震，住得越高，搖晃得也會越強烈。但是新建高層住宅樓大多有減震設計，樓盤絕對安全。

大家讀到這裡，一定會問我一個問題：徐老師，你說東京的房子到底該不該買？我說一條中肯的建議：如果是你或孩子自住的房，可以大膽放心地買。如果是考慮投資，我勸你別買，是賺不到甚麼錢的。

日本iPS細胞研究如何領先世界

二〇一八年十一月九日，日本京都大學醫學部附屬醫院舉行記者會，宣佈已經成功地使用iPS細胞，對一名患有帕金森疾病的男性進行了治療，目前效果良好。這是世界上首例使用iPS細胞治療帕金森病的手術。

大家知道，帕金森是天下一大難病，它是一種神經系統變性疾病，主要病理改變是腦部分泌多巴胺的神經細胞死亡，臨床表現為手腳顫抖、身體僵硬、行動遲緩，雖然不會立即危及生命，但是嚴重的話，會讓人失去基本的生活能力。各國的醫學專家們都在採用各種方法攻克這一難病，但是至今沒有找到很好的根治途徑，藥物治療的效果也是十分有限。

京都大學的醫學專家們介紹說，患者是一名五十多歲的男性，被移植的是由他人 iPS 細胞培養的多巴胺神經祖細胞。在約三小時的移植手術中，醫生向這名患者腦部兩側注入了約二百四十萬個多巴胺神經祖細胞，以修補生成多巴胺的神經細胞。目前，患者恢復情況良好。

不過醫學專家們說，手術效果和安全性還需要長期的觀察，觀察期為兩年。按照計劃，這次獲得日本政府批准實施的臨床移植手術試驗，還將對另外七名帕金森病患者進行同樣的治療。

為甚麼京都大學的醫學專家認為 iPS 細胞可以治療帕金森病呢？因為在過去幾年，他們對患有帕金森病的八隻猴子進行了 iPS 細胞治療，結果顯示，不僅這些猴子的手足顫抖狀況得到改善，經過最長兩年時間的觀察，也沒有出現可能癌變的腫瘤。因此，京都大學的醫學專家們確認了 iPS 細胞治療帕金森病的有效性和安全性。

有必要跟大家解釋一下，甚麼是 iPS 細胞。

專業的醫學解讀是：iPS 細胞的標準名稱，叫「人工多功能性幹細胞」，這種多能幹細胞，是指體細胞在導入多能遺傳基因，以及其他誘導因子的作用下進行基因的重新編排，從而得到擁有與胚胎幹細胞相似的分化潛力的幹細胞。

這些醫學概念聽起來有點玄乎，不好理解。我們說得白一點，就是 iPS 細胞也屬於幹細胞的一種，但是屬於高級版，因為通過基因的重新編排，這種細胞具有跟你生下來時帶有的胚胎幹細胞相似的分化潛能，並能產生出一種誘導性，可以進行定向的幹細胞治療。理論上來說，使用iPS細胞可以再造人體器官，補充、修復人體受損器官和組織。譬如說，你的腎臟壞了，你可以使用自身細胞培植出來的iPS細胞再造一個腎臟換上去，而不需要等着別人捐給你。比如，你發現自己臉上有了皺紋，那就用iPS細胞修復自己的肌膚，讓六十歲的老太太變成十八歲的小姑娘。

我突然擔心，有一天，日本的化妝品公司會因為iPS細胞修復技術的廣泛應用，而沒有了生意。

發現這一基因重新編排機制的科學家，就是京都大學的教授山中伸彌，他因為這一重大發現而獲得了二〇一二年的諾貝爾醫學獎。他在接到獲獎通知電話時，正在家裡修洗衣機。

在日本，京都大學的綜合排名僅次於東京大學，位居第二。日本人喜歡說這麼一句話：關東有「東大」，關西有「京大」，這「京大」指的就是京都大學。

日本十八年間獲得十八個諾貝爾獎，其中醫學獎和化學獎的獲得者，大多數是從京都大學畢業，或者在京都大學工作過。因此，京都大學成為日本未來醫學研究的核心基地，也是全世界最為矚目的尖端醫學研究高地。

帕金森病的 iPS 細胞治療，就是京都大學的醫學專家們實施的。

這不是日本第一次使用 iPS 細胞治療疾病。早在二〇一四年，一名七十歲的日本女患者成為全世界第一例接受 iPS 細胞移植手術的「幸運兒」。日本理化研究所的研究小組在當年九月，利用能發育成多種細胞的 iPS 細胞製成視網膜細胞，並成功地移植到一名滲出型老年黃斑變性女患者的右眼中。這是世界首例利用自身的 iPS 細胞完成的移植手術。

二〇一七年二月，大阪大學與京都大學、理化學研究所、神戶中央市民醫院四家機構聯合實施了一次使用他人的 iPS 細胞轉換為視網膜細胞的手術，使五名患有黃斑變性眼疾的病人重見了光明。

京都大學 iPS 細胞研究所還與武田製藥等日本醫藥公司合作，在二〇一五年用 iPS 細胞製成的腎臟細胞，成功治癒了急性腎功能不全這一重大疾病。目前，醫學專家們正在做進一步的研究，希望讓腎透析成為歷史。

二〇一八年九月，日本科學家們做了一件聽起來非常科幻的事情——他們成功地在人類血液中製造出了未成熟的卵細胞。京都大學教授齊藤通紀的研究團隊稱這項工作是 iPS 細胞研究的一個新突破。因為這一突破可能意味着未來某一天嬰兒可以在實驗室裡誕生，而這一切只要有嬰兒親屬的身體組織或血液就可能實現。

京都大學的研究小組在這之前，已經利用幹細胞研製出了老鼠的卵細胞和精子。不過眼下這種方法製成的卵子還不太成熟，它們無法受精。研究小組表示，這為嬰兒的出生打開了一扇門，讓他們通過用在世或已故親屬的遺傳物質誕生在這個世界上。這項研究將為那些不孕不育的夫婦或同性伴侶提供一種擁有自己 **DNA** 的孩子的新方法。

接下來，研究人員將開始研究如何製作出具備受精能力的卵子。

東京大學也不甘示弱，他們的研究小組把 **iPS** 細胞製成的數萬個胰島密封到極細的小管中，再植入三隻患有糖尿病的小猴子體內。結果幾天後，三隻猴子的血糖降至正常值，而且直到二十天後仍然保持正常。研究小組計劃五年後開始為糖尿病患者進行臨床移植試驗。

對 **iPS** 細胞進行研究的，不只是京都大學和東京大學，幾乎日本全國主要的大學都在從事這一方面的研究，而且日本各大醫藥公司也積極參與，日本的目標，是成為世界再生醫療大國。

那麼，除了以上這些研究成果之外，日本在 **iPS** 細胞研究中，還取得了哪些最新的成果？

首先是大阪大學的研究團隊利用 **iPS** 細胞製作的肝細胞進行移植，成功改善了患有肝臟疾病小鼠的症狀，有望應用於肝硬化等肝臟疾病的再生醫療。

慶應大學心內科教授福田惠一研究團隊將iPS細胞轉化來的心肌細胞培養成直徑約零點二毫米的細胞團，然後將約一千個細胞團注射到擴張型心肌病與充血性心肌病患者的心臟內，以期達到治癒的目的。這一團隊已經將臨床研究計劃書遞交給了日本厚生勞動省審批。

另外，慶應大學的神谷和作副教授帶領的研究團隊，成功用iPS誘導分化出內耳間隙形成細胞，將可以治療遺傳性耳聾。

京都大學江藤浩之教授的研究團隊在二〇一八年九月，已經向厚生勞動省遞交了基於iPS細胞的血小板對再生障礙性貧血病人進行臨床試驗計劃的申請。厚生勞動省再生醫療等評價委員會正式批准了該臨床研究計劃。這也是繼頑固眼疾、心臟病和帕金森之後，日本iPS細胞研究又成功踏進了第四大臨床實用領域。

目前，日本醫學界還在關注以橫濱市立大學為主的一個研究團隊在研究培植人工再造肝臟、腎臟、胰臟、肺、心臟等器官。這一研究的核心人物，是年僅三十一歲的年輕教授武部貴則。他在二〇一八年二月，還兼任了東京醫科齒科大學教授，成為這兩所學校歷史上最年輕的教授。參與這一項革命性技術研究的，還有日本幾所醫學研究所和醫藥公司，正在成為日本產學研合作的重大工程。

我們還注意到一個中日兩國合作的新動向。

慢性腎功能衰竭的患者，在數月或者數十年間腎的機能會漸漸衰退，最終必須完全依賴人工透析或者腎移植來維續生命。與老齡化和糖尿病相伴，全世界腎衰竭病人也在不斷增加。但由於捐獻的腎源捉襟見肘，絕大部分腎功能衰竭患者只能依賴透析。透析相關醫療費用大概一年五百萬日元（約三十萬元人民幣）以上，日本目前約有三十三萬人正在接受透析治療。全世界因為付不起高昂透析費而只能坐以待斃的腎衰竭患者超過二百萬人。

日本慈惠醫科大學橫尾隆教授帶領的研究團隊通過藥物誘導，使用 iPS 細胞成功實現了大鼠與小鼠間的腎臟再生。有消息說，中國藥監當局對這一項技術的臨床研究展示出積極開放的態度。橫尾教授稱，如果這一臨床研究最先在中國獲得批准，將會首先得到中國臨床試驗的相關數據。基於這些數據分析，再在日本實施臨床試驗也是一種選擇。二〇一八年中國能夠批准該臨床試驗的話，則一兩年內日本跟進開展該臨床研究的可能性極大。

但是，我們注意到，再生醫療關聯技術涉及領域廣泛，試劑、細胞培養和分離裝置、生成工藝等，想在短時間內實施起來也不那麼簡單。雖然京都大學 iPS 細胞研究所所長山中伸彌教授持有 iPS 細胞發明的基本專利，但是從血液中製取 iPS 細胞的重要技術之一的專利則由一家美國公司先行獲得，就是後來被富士膠片收歸旗下的 CDI 公司。二〇一六年，富士膠片將該技術在日本的專利權也納入囊中。為此，京都大學 iPS 細胞研究所向政府監管部門遞交了異議申辯書。

高品質細胞的高效製備是 iPS 細胞產業應用的關鍵所在。如果所有應用者都首先要向富士膠片支付奇高的巨額專利授權費，那麼必然對 iPS 細胞產業孵化造成不可承受之重。鑒於此，山中教授希望壓縮富士膠片的授權費。盡早將日本技術推向醫療應用是日本學界和產業界雙方的共同心願。異議申辯的最終結果遲遲未出，雙方都意識到如此僵持下去不是辦法，所以在庭外進行了談判。二〇一八年六月，雙方達成了協議：不管異議申辯書的審理結果如何，都會通力合作。

iPS 細胞產業化之路本來就崎嶇不平，在關鍵時刻，日本研究者、專利擁有者以及設備製造者，還是採取了抱團求發展的方式，一起為人類最終攻克各種大病難病貢獻力量。我們相信，iPS 細胞的研究在未來幾年內一定能夠獲得突破性進展，日本在這一領域已經走在了世界的前列，我們中國也在努力之中。世界各國如果能夠開展通力合作的話，人類將會變得更加健康長壽。

日本人如何尋找「一帶一路」突破口

幾位日本經濟學者來我辦公室小坐，聊起中美貿易摩擦。

大家認為，之所以會引起這場摩擦，是因為中國犯了一個「顯得太有錢」的錯誤，引起了美國人的不悅。美國人認為，中國是賺了美國的錢，在別人面前賣吆喝。

我問他們，那當日本人有錢的時候，會是一種怎樣的表現？

他們說：日本也不是一個老實的種。在泡沫經濟時期，日本錢多得沒處花時，開始全世界找樓盤，尤其是找地標性樓盤，最後把紐約的洛克菲勒中心和帝國大廈都買了下來，惹怒了美國人。

有趣的是，日本人買下帝國大廈後，還找了一個美國地產商共同經營，這位美國地產商就是當今的美國總統特朗普——一個比誰都知道如何玩錢的精明商人。最後，帝國大廈又回到了美國人的手中。

所以，講政治的中國領袖與講利益的美國總統，注定不是一路人，中美貿易發生摩擦也就成為必然。而且根據特朗普的生意經，他不撈到一點好處，是絕對不會罷休的。

泡沫經濟崩潰之後，日本成了「烏龜」，頭縮了進去，知道盲目投資海外，往往會是血本無歸。而這些年，中國人開始在紐約、倫敦、巴黎、東京，重複三十年前日本人幹過的事。

中國提出「一帶一路」倡議已經過去五年多，全世界有八十多個國家入夥，而作為鄰居的日本一直按兵不動。有些中國輿論認為，這是日本企圖遏制中國全球發展戰略的陰謀，期望與美國一道拖住中國發展的後腿。

但是，日本的這幾位經濟學家並不這麼想。

野村證券的土井先生說，中國如果單單搞一個亞投行的話，日本也有參與的積極性。但是，中國把國際金融組織的亞投行與中國自己倡導實施的「一帶一路」倡議混為一體，就使得日本開始擔心：中國是想通過亞投行推銷「一帶一路」。日本如果參與其中的話，只會助長中國的這種「公私不分」的行為。

他說：「如果說日本有私心的話，這就是日本的小算盤。中國真的要搞『一帶一路』的話，日本想遏制也是遏制不住的。」

我說，這應該是土井先生的一個誤解，亞投行與「一帶一路」是兩回事，亞投行並不是中國的銀行。

一橋大學的橋本先生說，日本對於「一帶一路」持謹慎態度，還有一個很重要的原因，也是泡沫經濟留給日本金融界和產業界的一大教訓，那就是「不透明的生意不做，看不到預期利益的長線投資不做」。

他說，日本企業對於「一帶一路」倡議本身並不是不感冒，其實也有參與的慾望。但是，大家都明白一個道理：日本一旦參與的話，是幹不過中國企業的。最典型的例子，就是爭奪印度尼西亞雅加達至萬隆的高鐵項目，日本的投資集團從二〇一一年就開始忙活，已經把投標標點降到了利益紅線的邊緣，但是，後來參與的中國卻拋出了「不需要印度尼西亞政府擔保」的極端投資方案，日本看不懂了，哪有這樣虧本做買賣，已經不是正常的商業行為。

「所以，在亞洲基礎設施建設領域，參與了『一帶一路』倡議的日本，如果繼續與中國企業血拚的話，日本企業是撈不到一點好處的。」這是橋本先生得出的結論。

那麼，日本政府最近為何頻頻與中國政府互動，要求在第三方市場尋求中日合作呢？

東京證券交易所的山本先生說，這是日本政府和財經界不願意看到中日兩國在海外競爭中兩敗俱傷的結果。

山本先生認為，中日企業在第三方市場展開競爭，其結果是，日本拿不到訂單，中國也賺不了錢，獲利的只是第三方市場。比如印度尼西亞的高鐵，如果中日兩國組建成一個聯合的投標集團，則天下無人能在這一領域與中日競爭。日本出安全的高鐵運營技術，中國出低成本的車輛與路軌，不僅這條高鐵的成本可以降下來，而且中日和印尼三方都可以得到利益，皆大歡喜。所以，如果組建「中日高鐵聯軍」的話，可以共同開拓美國、印度和中東、非洲市場，造福兩國企業，也造福世界。更為重要的是，中日兩國經濟因此可以建立起相互合作、相互信賴的關係，推動兩國經濟與產業的共同發展。

聽了幾位的話，我做了這樣的總結：日本是一個曖昧的民族，也是一個很要面子的民族。它雖然在表面上與中國倡導的「一帶一路」倡議保持距離，並且在美國依然不參與亞投行和「一帶一路」倡議的背景下，不敢搶在美國之前有所行動。但是，日本尋求與中國在第三方市場的合作，其實就是變相參與「一帶一路」倡議的行動。

我問他們：「我的觀點，各位是否贊同？」

他們說：「有道理。因為中日聯合開發第三方市場的提法，既可以安撫美國，同時也能回應中國，這也是日本沒有辦法的辦法。」

接下來，就要看中日兩國政府與企業的合作心態了。

日本醫療水平為何能蟬聯世界第一

世界衛生組織發表了一份最新的全球醫療評估報告，從醫療水平、接受醫療的服務難度、醫療費負擔公平性等方面，對全世界一百九十多個國家進行了綜合評估排名，結果，日本蟬聯世界第一，而中國排在第六十四位。

為甚麼日本的醫療能夠長期保持世界第一的水平？我覺得有這麼幾個重要的原因。

第一，日本的整個醫療體制與美國和歐洲國家不同。歐洲國家，尤其是北歐國家，實施的是一個公共醫療體制，雖然這種醫療體制覆蓋面廣、個人負擔輕，但是效率相對低下，醫療資源浪費也很嚴重。

而美國，完全實行私有化，醫療水平雖然很高，但是窮人卻看不起病。

日本的醫療體制，總體來講，是介於歐洲和美國之間。也就是說，在實施公共醫療的同時，也充分照顧到私人化、個性化的醫療。

那麼日本是如何做到這一點的呢？用簡單的一句話來概括，那就是：「醫療服務由民間提供，但是醫療費由政府擔保。」日本的這種醫療體制，解決了中國目前最為頭疼的「看病難、看病貴」的問題。

日本的醫療是採取國立、公立、私立的三類醫療體制。國家有綜合性的國立醫療與研究機構，各地方政府設立公立醫院。然後數量最多的是遍佈全國各地，尤其是社區的私人醫院，大多數是專科診所。

在我們的印象中，社區的小醫院、小診所，都是一些水平一般的醫生。但是，你千萬別小看日本的這些診所，醫生都有相當高的專業水平。許多內科、婦產科、外科等私人醫院和診所，都是幾代人祖傳的，院長大多是醫學博士。而且日本非國立醫院的醫生允許兼職，因此許多診所的專科醫生，都是著名的醫學專家、醫學教授，而不是醫科大學剛畢業的實習生。

日本社會是小病去自家附近的診所，也就是私人醫院。診所覺得你這個病需要做進一步的精密檢查，或者需要做手術，那麼診所的醫生會給你開介紹信，再去大醫院治療和做手術。

所以，日本人遇到感冒頭疼之類的小毛病，都不會往大醫院跑。而日本的大醫院，尤其是國立醫院，基本上以治療大病和疑難雜症為主，而且是採用預約制，但這種預約也不會超過十天半個月，一般兩三天，甚至當天就可以約到。

正是日本這種從私立到國立、公立，從小診所到綜合性大醫院的立體、全方位的社會醫療保障體制，才解決了一億多人看病難的問題。

我在二〇一八年八月的上海書展期間，抽空去了上海一家十分有名的醫院，看望在那裡住院的一位同學的父親。我也是第一次了解到，在上海看病，有多貴。

植入一根輸液管子，說是進口貨，個人得承擔七千元人民幣。用一種進口藥，一針就是二萬元人民幣，然後還要私下裡塞給醫生護士紅包。一天的個人看病支出，都在五千元人民幣以上。說真的，我是嚇了一大跳，也因此理解了「生一場病，窮一家人」的道理。

那麼，日本看病有多貴？首先，凡是在醫院裡用的所有的藥和設備，都列入醫保範圍。也就是說，不列入醫保範圍的藥，是進不了醫院大門的。所以不會出現像中國醫院裡那種進口藥、好藥需要個人掏腰包的事情。住院期間的普通病床是不收任何費用的。

第二，是公平合理的醫療費制度。

日本早在二十世紀五十年代，就開始建立起全民醫保制度。不管你是日本人，還是像我們這種生活在日本的外國人，甚至是剛剛抵達日本的留學生，你只要抵達日本以後，加入了日本的醫保，看任何病，個人只承擔百分之三十。看一個感冒，一般來說個人需要承擔的費用大概是三千日元左右，也就是一兩百元人民幣。

日本在過去曾經實行七十歲以上老人免費醫療制度。後來因為醫保負擔的加重，現在改為七十歲到七十四歲之間，醫療費個人承擔百分之二十。過了七十五歲，個人承擔部分只有百分之十。

更為重要的是，如果一個人一個月的醫藥費個人負擔部分超過了八萬日元（約四千八百元人民幣），那麼超過的部分不管多少，全部由政府承擔。

日本還有一項兒童免費醫療制度。雖然這項制度沒有在全國普及，但是許多財政收入比較好的地方城市都在實施。比如東京都，孩子從出生到讀完小學，看病都是免費的。日本農村的一些孤寡老人，或者收入比較低的家庭，患了癌症等大病以後，如果個人需要承擔的醫藥費超出了他的支付能力，可以去市政府申請大病救濟。不會出現一人生病，讓整個家庭陷入貧困的問題。

日本解決看病貴的另一個關鍵因素，是實行嚴格的醫藥分離制度。醫院只管處方，你拿了處方以後，可以去全國各地任何一個藥局去配藥。比如我從北海道農村到東京來看病，我在東京看好病以後，帶藥不方便，那麼，我可以回到我家鄉的藥局去配藥。

正因為藥品是市場化，而不是醫院壟斷化，所以它的價格就處於一個相對競爭的狀態。全國的藥局，不會出現一種藥不同的價格的情況。所以醫院也不能在用藥上賺病人的錢，更不會亂用藥，多用藥。

日本的醫院也給病人用藥，不過只管住院和急診的用藥。但是，由於醫院所有的藥都列入醫保範圍，而且價格受到醫保機構的監督，因此，住院期間的用藥也是市場公平價，不會出現比外面的藥局藥價高的問題。

第三，是建立了完善的全民醫保制度。

中國有媒體報道，說一個病人被送到醫院以後，因為付不出醫療費而遭到拒絕，或者被耽擱搶救。

這樣的事情，在日本是不會發生的。比如，因為交通事故或者在公共場所突然病倒，病人被救護車送到醫院後，即使其身份不明確，身上又沒帶錢，醫生照樣進行搶救和治療。也就是說，日本的醫藥費是先治療，後付費。如果你實在付不起，可以申請醫療救濟。

第四，是優質親切的醫療服務。

在日本的醫院裡，病人住院是不允許家屬陪護的。病人的護理，包括上廁所、洗澡，全部由護士來完成。去年，我的一位北京朋友的父親來日本旅遊，突然摔了一跤，把手摔骨折了，被送往醫院治療。因為骨折，自己不能洗澡。每天晚上，日本的女護士幫他脫衣服洗澡。開始的時候，他還感到特別難為情，後來，他徹底被感動了，因為他的兒女都沒有給他洗過澡。

在日本，病人進了醫院以後，就把一切交給了醫生。醫生要對入院治療的每個病人盡全部的責任。只准許親戚朋友在可以探望的時間去醫院看望陪伴一下，照顧病人所有的事情全部交由醫院的醫生和護士來完成。在日本，醫生和病人之間的關係具有很高的信賴度，很少聽到有病人家屬跟醫生吵架的事情。即使出現醫療事故，也是遵循法律進行處理，不會出現到醫院鬧事的情況，因為這會觸犯妨礙業務罪，會被逮捕。

值得一提的是，日本目前有一點二七億人口，但是根據世界衛生組織統計，日本每一千人擁有的病床數為十三點七個，遠遠高於世界平均的三點七個病床數，高居世界第一。

我認識東京一家很有名的癌症治療醫院的院長，他是日本著名的胃癌治療專家。雖然已經六十多歲，但是每場手術他都做充分的準備，給病人和家屬做詳細的手術介紹，然後親自操刀，有時候一天要做兩三台手術。手術做完以後，手術報告和醫療報告都不是助手寫，而是他自己寫。

我問他為甚麼要自己寫，他說這是一個醫生應該承擔的責任與義務。如果把每天的手術情況、用藥情況、切割情況都能夠進行詳細記錄和梳理的話，你會比較自己做過的其他手術，然後針對同樣的病例，不斷地修正自己的手術方案。

日本的醫院還有一項很好的制度，就是「跟蹤病人」。每做完一台手術，醫生必須主動地長期跟蹤病人，建立一個定期的檢查、復查和觀察制度，而不是病人離開醫院，醫生就不管了。

這種「跟蹤病人」的制度，通常是由主治醫師委託護士負責定期聯繫病人，並做好一份長期的檢查跟蹤日程表，告訴病人幾月幾日要到醫院來檢查一次，幾月幾日要諮詢身體狀況。跟蹤時間一般為五年。一旦發現復發，主治醫生就會把病人請到醫院進行治療。這種長期負責與關愛到底的制度，對於醫生來說還有一個好處，那就是通過長時間對病人的跟蹤觀察，可以了解手術與治療的效果，因此可以不斷地完善自己的手術方案。能少切除一點，就少切除一點；能不動手術，就不多動手術。以最佳的手術治療方案來減少病人的痛苦與精神負擔，提高自己的醫術。

有錢可以買到世界最先進的醫療設備，但是買不到最好的醫療水平。「神醫」不是吹捧出來的，而是通過自己長期不懈、精益求精的努力成就的。所以，工匠精神在日本許多醫生，尤其是外科醫生的身上，得到了最完美的體現。

從以上的介紹中可以看到，日本的醫療水平能夠長期保持世界第一，日本人能夠成為全世界最長壽的人群，是由完善的醫療制度、醫務人員的人道主義情懷、匠人一般的精益求精的精神做保障的。所以，得了大病難病，去鄰近的日本醫院醫治，也不失為一種選擇。

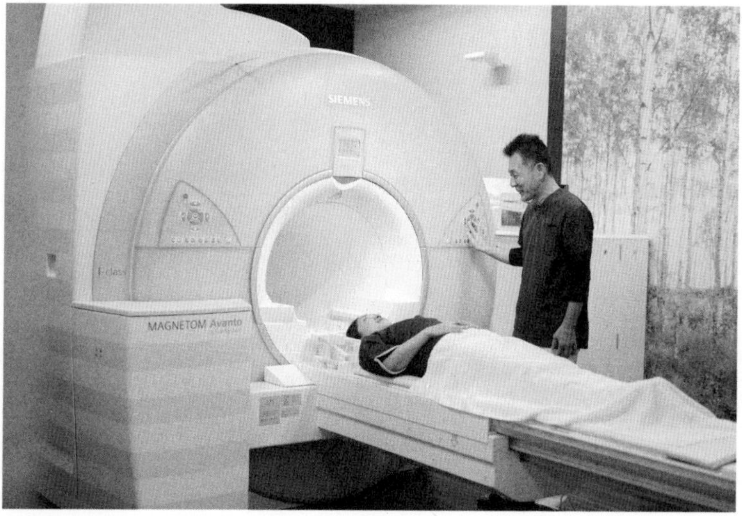

為甚麼日本農民比城裡人還有錢

我去日本東北地區演講，順便走訪了農村。

日本東北地區給人們的印象就是「最大的農業生產基地」。中國人知道的「越光」「秋田小町」等日本頂級的大米，都產自東北地區。同時，東京首都圈每天要吃的大部分蔬菜也來自東北地區。

東北地區的一個地形特點就是山區，百分之七十的人口生活在農村。一提到農村，我們的腦海裡馬上會浮現出「貧窮落後」四個字。但是在日本恰恰相反，真正的貧民不在農村，而在城市。也就是說，日本的農村比城市還富裕。

日本內閣府在二〇一八年三月公佈了一個統計報告《全國都道府縣町平均收入比較》。報告顯示，日本收入最高的城市是東京。因為東京不僅是日本的首都——最大的政治中心，更是日本的經濟文化中心。

那麼東京哪個區的居民收入最高？是港區。港區瀕臨東京灣，雖然它不是日本的中央機關所在地，也不是中央商務區的所在地，卻匯聚了日本各大跨國公司的總部，比如索尼、佳能、軟銀、優衣庫等著名企業。順便告訴大家，我們亞洲通訊社總部也在港區。

二〇一七年，東京都港區的人均年收入是多少呢？是一千一百一十五萬日元，相當於六十五萬元人民幣。而日本全國公司職員的年平均收入是四百二十萬日元，這就意味着東京都港區人的年收入高出全國平均水平的一點五倍，自然也是全國最富裕的一個地區。

日本排名第二富裕的地區是哪個呢？是日本中央機關和皇宮、各大國際商社、各大銀行與金融機構以及中央商務區匯聚的地方，叫東京都千代田區。這個區的居民的年平均收入為九百四十萬日元（約五十五萬元人民幣），要比隔壁的港區居民少十萬元人民幣。

日本第三大富裕的地區是哪裡呢？大家一定會想到大阪或者京都，其實都不是。這是一個連日本人都想不到的地方，是在北海道的猿払村。這個村是位於北海道最北端的一個漁村，隔着宗谷海峽，對面就是俄羅斯的庫頁島。全村人口只有二千七百人，但是人均年收入居然達到了八百一十三萬日元（約四十八萬元人民幣），比銀座所在的東京都中央區的居民收入還高。

當你走進這個日本最寒冷的村，你會發現，這裡的中小學的校舍、設備比東京的中小學的校舍、設備還好，村裡還有免費的巴士巡迴行駛，村民享受免費醫療，孩子享受免費教育，村裡還有標準的足球場和棒球場、醫院，等等。家家戶戶都是別墅，村民們的日子過得比大城市人還富裕。

這個村為甚麼這麼有錢？因為它是北海道扇貝和毛蟹的主要產地。漁民捕魚和養殖的收入超過了日本大公司職員的收入。

北海道這個漁村的例子並不是一個極端的例子。同樣是日本內閣府公佈的最新數據，日本東北地區的岩手縣、宮城縣、福島縣、秋田縣的縣民的年平均收入都超過了日本最大的旅遊城市——京都，與日本第二大城市的大阪只差一千至二千元人民幣。

為甚麼日本的農村比許多大城市還富裕？一個很重要的原因，是在二十世紀七十年代日本經濟高速發展時期，日本政府實施了對農村的特殊優惠政策，對於農副產品生產給予了高額補貼，鼓勵農民留在家裡種田，而不是到城市裡當農民工。日本政府認為，日本大部分地區是農村，如果農村富裕不起來，全國也就富裕不起來。如果農村亂了，那麼全國也會亂。

因此，日本在二十世紀七十至九十年代的經濟高速發展期中，解決了一個很大的問題，那就是基本消除了城市與農村的貧富差距，消除了農民與城市居民的收入差距。

日本在經濟高速發展時期，也遇到過農村城鎮化建設的問題。但是，日本的農村城鎮化，並不是把一些小村落進行人為拆併，把農家集中起來建高樓，而是在不改變他們原有的居住地、不實行村落拆併的前提下，由政府出資進行現代化的農村基礎設施改造，做到家家通電、通煤氣、通自來水、通無線網絡、通道路。為甚麼需要政府來投資農村的基礎設施呢？因為農村的每個人都納稅，政府收了老百姓的錢，就要承擔起為老百姓生活提供服務的義務和責任。

因此，日本的農村在過去幾十年中，家沒有搬，村還是那個村，地還是那塊地，但是生活的環境改變了，農村的基礎設施實現了現代化。農民的居住與生活條件，不僅與東京大阪的城市居民相差無幾，而且許多家庭都超過了城市居民的居住條件。

因為土地價格便宜，日本農村家家戶戶都是一戶建的別墅。而且許多家庭充分利用政府對太陽能利用的補助政策，將自己的房子建成太陽能智能化住宅。照明、做飯、空調、洗浴等，都使用太陽能，而且富餘的電力還可以賣給電力公司，每個月都能有二千元人民幣左右的賣電收入。

與中國的農村相比，日本農民的受教育程度更高。由於日本所有的公立中小學校的建設費用和教育費用都是由政府專項撥款，按照全國統一的規格標準建設，即使是一所只有十名學生的小學，室內體育館、游泳池、圖書館、科學實驗室等也是一應俱全，與城市裡的小學沒有甚麼差別。而且日本農村七八十歲的老太太也大多是中學甚至大學畢業，因此，即使是在十分偏僻的農村，我們也都能看到她們把家裡收拾得乾乾淨淨，庭院裡種上各種花花草草。

日本的農村之所以能夠做到比城市還富裕，還有兩個基本的因素。一是日本農村有一個全國性的農業合作組織——農業協同組合，一般用英文字母「JA」來表示。這個農業合作組織不僅擁有自己的銀行、自己的物流中心，還擁有自己的農副產品交易中心，可以給農民貸款，同時也把農民種的蔬菜水果匯集到各地的交易中心，提供給全國的農產品交易市場，或者直接提供給各地超市。也就是說，農民種的蔬菜水果，根本不用擔心因為賣不出去而爛在地裡，只要開車送到各地的 **JA** 交易中心，**JA** 交易中心就會負責收購，然後分銷到全國各地去，這樣就能夠保證農民有足夠的種田收入。

二是農村勞動力除了種植和加工農副產品之外，更多的時候還是充當一名產業工人。也就是說，農忙的時候，他是農民；農閒的時候，他在家附近的工廠裡工作，是工人。

日語中有一個專門的詞語，叫「兼業」。「兼業」與背井離鄉去外地打工做農民工不同，他們的農田就在家門口，而他們上班的工廠也在家附近。所以日本農民除了種田種地的收入之外，每個月還正兒八經地可以從工廠企業裡領到固定的工資，所以這些農民的收入自然要比一般的城裡人多。

正因為日本農民有「兼業」的傳統，因此，日本許多製造企業都把工廠搬到農村去，利用當地富餘的勞動力，將一批不會跳槽的農民訓練成為技術工人，可以讓他們長久地在工廠裡工作。

雖然日本東北地區農村的年收入比京都高，比大阪稍微少幾千元人民幣，但是，農村地區的地價與物價均比大城市便宜許多。在京都、大阪租一套兩室一廳的房子，每個月需要十萬日元。在日本農村，租用一棟一戶建的房子，一個月才三萬日元。加上蔬菜瓜果大多數是自給自足，因此，農村的生活成本一般只有大城市的一半，甚至更低。也就是說，農民和城裡人即使拿同樣的收入，但是收入的含金量是完全不一樣的，農村的收入更加「值錢」。

日本農民富裕的另一個原因就是享受和城裡居民一樣的社會保障制度。城裡居民享受甚麼樣的醫療保險待遇，農民也享受甚麼樣的醫療保險待遇。城裡的老太太們領取多少養老金，農村的老太太們也能夠領取多少養老金。這是因為在日本經濟高速發展時期，日本政府為了消除城鄉差別，尤其是消除城鄉居民不平等的社會保障待遇，制定了全國統一的社會保障制度。這樣一來，農村老人們的後顧之憂就消除了，農民的養老負擔也減輕了。

日本人常說一句話，叫「鄉下人買車，城裡人不買車」。這句話聽起來奇怪，但是很有道理。因為像東京、大阪、京都這樣的大城市，公共交通十分發達，而停車場的停車費又很貴，因此城市裡的人大多數不買車，而是搭乘地鐵、輕軌上下班和出行。但是在農村，因為公共交通不發達，人們只好買車，比如一家四口，如果都是成年人的話，一般要買五輛車，也就是說，每個人一輛車，另外還需要一輛全家人可以一起出行的商務車。

而農村地區除了上下班需要開車之外，去購物中心和超市等，也需要開車，沒有車寸步難行。所以，日本農村老太太也普遍會開車。

雖然日本的農村生活很富裕，但畢竟不是大城市，也沒有大城市的熱鬧與繁華，因此，農村的許多年輕人還是想離開農村去大城市生活和工作。所以，日本農村現在面臨着一個很大的問題，那就是年輕人越來越少，剩下的都是老年人。人口的減少，直接影響地方政府的財稅收入。因為日本有一個特別的稅，叫「縣民稅」（有的地方叫「市民稅」），每個人都要交，也就是「人頭稅」。人口減少的話，地方政府的財政收入就會減少。

因此，為了能夠留住年輕人，同時吸引外地人來農村落戶，日本各地方政府動足了腦筋。

日本不少農村地方政府通過補貼安家費、建造一戶建房子廉價出租給外地人安家，甚至免收幾年的房租，以此來增加居住人口，尤其是增加年輕人和孩子，活躍地方的生活與經濟。

不少地方還採取各種優惠措施和提供經費補助，吸引大學生們到農村來租用農田創建農業公司。有的農村還將一些空置的房子或者工廠開發成年輕人的創業創新基地，免費提供給創業者們使用。因此，日本許多大公司的商品服務熱線、消費者電話對應中心等，大多建在鄉下農村。一方面，運營管理成本低；另一方面，更容易募集到當地人來當職員，還能享受地方政府的各種補助與優惠政策。

日本農村的一些做法和經驗，我覺得很值得中國農村參考。尤其是如何應對農村的「少子老齡化」，如何通過就地「兼業」避免背井離鄉式的外出打工，以便在掙錢養家的同時也能夠照顧好自己的家庭。如何建設規模性的農村合作經濟組織，讓農民種的果蔬不會爛在地裡，更不用自個兒趕着馬車進城賣菜，與城管「打遊擊」。如何建立全國統一標準的社會保障制度，縮小城鄉差別，讓農民也能共享社會發展的公平紅利。日本農村的現實，可以成為中國未來追尋的目標。

商業帝國八佰伴破產的教訓

到過上海的朋友，一定知道浦東有一家很大的百貨公司，叫「第一八佰伴」。為甚麼這家百貨公司叫「第一八佰伴」？許多人可能並不知道它的由來。「第一」是指上海的「第一百貨公司」，「八佰伴」是日本的一家百貨超市公司，「上海第一八佰伴」是中國政府批准的第一家中外合資的百貨公司。一九九五年十二月，第一八佰伴開張的第一天，湧進了一百萬人，當時十分稀罕的免費塑料袋都被一搶而空。

上海第一八佰伴進駐後，給中國百貨業帶來的一個最大的改變，就是全國百貨公司的一樓由原來的賣羊毛衫襯衫改成了賣化妝品。

在開辦以來的二十多年裡，第一八佰伴是越辦越火，創下了多年來中國百貨公司中營業額最高的紀錄。但是，八佰伴卻在日本破產了。作為日本曾經最大的商業集團，八佰伴為甚麼最終會破產？這其中的故事，也是我的親身經歷。

大家是否還記得，在二十世紀八十年代，中央電視台播放過一部日本電視連續劇《阿信》，這部電視連續劇描述了出身貧寒的日本女孩阿信通過奮鬥，最終出人頭地，成為大超市老闆的傳奇經歷。這位阿信的原型，就是八佰伴的創始人和田加津太太。

如果大家從東京坐新幹線去京都、大阪，中途會經過伊豆半島，那裡有一個新幹線車站，叫熱海。熱海就是八佰伴的發源地。一九二八年，距今九十年，和田加津和丈夫一起在熱海擺了一個蔬菜攤，開啟了八佰伴創業的時代。

第二年，和田夫妻生了一個兒子，叫和田一夫。一九五〇年，也就是在和田一夫二十一歲的時候，熱海發生了一場大火，把他們家苦心經營了幾十年的家和蔬菜店全部燒毀。這是八佰伴在發展過程當中遭受的第一次沉重打擊。但是，頑強的和田夫婦沒有被大火嚇倒。當年，他們就在廢墟中重建了家園，樓上住人，樓下賣蔬菜。

大火發生後的第二年，和田一夫從日本大學畢業。父親對他說，你甚麼公司都不要去，就回家來繼承家業。和田一夫是一個孝子，很聽父母的話，於是他就告別東京回到了熱海老家，經營起父親留給他的這家蔬菜店。

和田一夫畢竟是一位學經濟出身的大學畢業生。在二十七歲的時候，他把這個蔬菜店改名為「八佰伴食品百貨公司」。公司改名以後，他進行了一個小小的改革，就是取消了當時很流行的討價還價制度，實行了商品的明碼標價。這個做法，奠定了公司現代管理的模式。所以，和田一夫先生常常把一九五六年作為自己的創業元年。

八佰伴革命性的改變發生在一九六二年。當時和田一夫隨同日本的一個零售業訪問團去美國考察，他在美國看到了一種嶄新的商業業態——超市。回到日本以後，和田一夫立志要把八佰伴改造成日本第一家超市集團。經過五年的發展，八佰伴在整個伊豆半島已經開設了七家超市。一九七一年，八佰伴進軍南美市場，在巴西的聖保羅市開設了第一家海外超市。

又過了兩年，也就是一九七三年，八佰伴進軍新加坡。這一年，和田一夫四十四歲；也是在這一年，他的父親去世了。

新加坡是和田一夫進軍海外市場最為成功的一個案例。他曾經跟我講，當時新加坡人的商業習慣是休息日關店放假，週六日整個街上很少有人，想要買東西都很困難。八佰伴進入之後，打破了整個新加坡人的生活習慣和商業作息，全年無休。這就使得許許多多的新加坡人在休息日開始走上街頭，走進八佰伴，整個國家的商店也跟着在週六日開店。

和田一夫最為開心的是，他還給新加坡帶去了一份美食——在日本流行了幾十年的豆沙麵包。和田先生跟我說，豆沙麵包推出以後，每天有上百人排隊，包括新加坡總理的母親，天天都叫人到超市去買豆沙麵包。

一九八二年，在和田一夫五十三歲的時候，八佰伴在日本上市了。

那一年，八佰伴在國內外的銷售總額第一次突破了一千億日元。一九八四年，八佰伴進軍香港，在沙田開設了第一家香港店，隨後八佰伴也在香港上市。

在八佰伴最為鼎盛的時候，它在世界各地共擁有四百家百貨公司和超市，員工總數達到了二點八萬人，年銷售額突破了五千億日元（三百億元人民幣），成為日本最大的國際商業集團，和田一夫也成了商業皇帝，要見他一面是難上加難。

但是，在一九九七年，八佰伴突然破產。這一商業帝國的轟然倒塌，震驚了整個國際社會，也直接影響到中國。許多人擔心，上海第一八佰伴會不會也跟着破產？

破產四年之後，和田一夫先生寫了本書，叫《從零開始的經營學》，講述他在沉默了數年之後重新創業興辦IT企業的故事。我在書店裡看到這本書後，通過出版社與和田先生取得了聯繫。在東京大學邊上的一棟老式的公寓樓裡，我見到了和田一夫先生。他的辦公室只有二十多平方米，給我印象最深的是，辦公室裡有一排書。

就在這狹小的辦公室裡，和田先生跟我談起了八佰伴破產的原因。

第一個原因是太相信房地產市場。

日本在二十世紀八十年代進入了泡沫經濟時期，全國上下普遍相信房地產價格還會上漲。當時整個八佰伴集團正處於迅速擴張期，而銀行也是有錢貸不出去，於是就找到了和田先生，告訴他：如果你買一塊土地，再在這土地上面建一個購物中心，然後你自己使用一部分，再出租一部分，至少可以獲得三份利潤：土地升值的利潤、房產升值的利潤、店舖出租的利潤。和田一夫想想也對，於是八佰伴拚命地購買土地，然後自己建造購物中心，使得整個八佰伴很快成為日本最大的商業集團。

但是沒有想到，在一九九〇年，日本的泡沫經濟崩潰。一夜之間，地價暴跌、房價暴跌，整個消費市場陷入低迷，銀行開始上門討債，和田一夫這才發現，自己買土地造房子，是一個多麼愚蠢的做法。

第二個原因是要面子，把公司總部盲目搬到香港。

當八佰伴在海外的子公司達到一百多家的時候，他覺得作為一家國際商業集團，總部應該搬到海外去，只有這樣才能體現一家國際商業集團的地位。就在一九九〇年，日本出現泡沫經濟崩潰兆頭的時候，和田一夫居然把八佰伴總部遷到了香港，把公司最核心的業務——日本市場，交給了他的弟弟打理。

但是，和田一夫的弟弟是搞財務出身，並不具備企業經營管理的能力，而且他又很怕哥哥。在日本泡沫經濟崩潰，企業的銷售業績出現大幅下滑的情況下，為了讓在香港的哥哥安心，和田先生的弟弟開始做假賬，而且在公司嚴重虧損的情況下，還給股東們分紅。這對於一家上市公司來說是致命的。等和田一夫發現弟弟的問題時，日本「根據地」已經是搖搖欲墜，和田先生的弟弟最後也因為做假賬而被捕。

第三個原因是過於相信銀行。

在八佰伴破產前半年，和田一夫趕回了日本，親自擔任日本八佰伴公司的經營本部長，實施公司的拯救計劃。當時他與日本的另一家大型超市集團——大榮公司達成協議，將十六家店鋪賣給大榮公司，賣掉以後得到了三百二十億日元的資金。銀行得知和田一夫有了三百二十億日元的現金後，遊說和田一夫先把欠銀行的錢還上，一個星期之後，再貸給八佰伴公司。銀行說，這樣的話，作為上市公司，業績好看，股票也會上漲。

在這關鍵的節點上，和田一夫犯了致命的錯誤。他說：「我當時真的有些天真，認為只要將這筆錢還給銀行，銀行一定還會貸款給我。」但最終的結果是，銀行收到這三百二十億日元後，沒有履行諾言，拒絕再貸款給八佰伴公司。八佰伴無奈落到山窮水盡的地步。

和田先生跟我說，這是他一生當中做的一個最大的錯誤決策，如果不把這些錢立即還給銀行的話，也許八佰伴還能活下去。

一九九七年九月十八日，在八佰伴即將迎來創業七十周年之際，和田一夫走進了靜岡縣地方法院，遞交了公司破產申請。

從法院回到家，和田夫人正在看電視，電視上全是「八佰伴破產」的報道，他的夫人還沒有感覺到公司申請破產到底意味着甚麼。和田先生告訴夫人：「我們一無所有了！」

一個星期之後，和田先生和夫人被允許只能帶幾件換洗衣服離開了自己的家。房子和傢具都被法院封存扣押。

從一名商業帝國的皇帝變成一個無家可歸的流浪漢，和田一夫從來沒有想到自己的人生會淪落到這種地步。但是，這就是無情的現實。

和田一夫覺得自己最最對不起的一個人，是自己的母親阿信！因為他沒能守住家業。

公司破產時，有人曾建議他保留上海第一八佰伴的股份，給自己的老年生活留一條後路。但是和田一夫認為，公司破產導致許多股民財產受損，股票變成廢紙，他再給自己留一點財產，有違良心。所以，他放棄了在公司內所有的權益，也辭去了所有的社會職務，淨身出門，並答應一直到死為止，每個月都力所能及地償還一部分債務。

二〇〇一年，我把和田一夫先生的那本《從零開始的經營學》翻譯成了中文，並取了一個新的名字《不死鳥》，在上海出版。因為這個契機，我遊說和田先生和夫人訪問上海。

這是和田先生相隔四年重新踏上上海的土地。他離開的時候，是八佰伴集團的總裁；再回來時，已經是一個普通的老人。但上海人民依然給予和田先生熱烈的擁抱。當時的上海市市長徐匡迪先生在市政府大廈親切會見了和田先生和夫人，並對和田先生説：「八佰伴的破產，也有亞洲金融危機衝擊的原因。不管怎麼樣，八佰伴集團沒有了，但是上海第一八佰伴依然存在，這個名稱不會改。」徐市長的話，讓和田夫婦淚流滿面。

上海第一八佰伴公司也在大樓外專門掛了一個很大的垂幅，歡迎老董事長回來。和田先生和我還在第一八佰伴的一樓舉行了簽名售書儀式，許多人給和田先生送來了茶葉和工藝品，感謝他為上海浦東留下了這座地標性的百貨公司。

當時的第一八佰伴辦公樓的頂樓還沒有重新進行裝修，依然保持了和田一夫擔任董事長時的模樣。當這對老夫妻走進自己原來的家、原來的辦公室時，兩人抱頭痛哭，大家都在一邊陪着落淚。

就在原先的辦公室裡，和田先生和我講述了企業經營的幾大教訓：

第一，千萬不能相信房地產會永遠漲價。他說，就像一個人爬坡，爬到山頂總有下山的時候。商業企業應該輕資產，就像日本的伊藤洋華堂公司，在人們頭腦最為發熱的時候，這家商業集團一直堅持不買地不建房，而是始終堅持租房開店。開得好的話，開下去；開不好的話，隨時退租關門。正因為如此，伊藤洋華堂不僅沒有遭遇泡沫經濟崩潰的衝擊，還收購了美國的 7-11 便利店，最後取代八佰伴成為日本最大的商業集團。

第二，千萬不能相信銀行的許諾。保證公司一定的現金流量，控制企業的發展規模，穩步發展，這才是維持公司生命的關鍵。

第三，個人資產與公司資產一定要分開，也就是說，左邊的口袋和右邊的口袋不能混用。和田先生在公司處於資金週轉困難的時候，拿出個人資產抵押借款，結果最後自己連一套房子都沒有保住，還承擔了二千億日元的連帶債務。

第四，在公司的經營上，不能太多考慮家人、朋友的面子和情誼，要做到鐵面無私，只用能人，不用無能的親戚朋友。

我最後問了和田先生：「您最想告訴企業家們的一句話會是甚麼？」

他毫不猶豫地說：「成功是事業發展的最大危機！」

這些年來，和田一夫先生一直通過講演、出書等方式，向人們講述八佰伴破產的教訓。今年已經九十歲的和田先生，如今和夫人一道生活在伊豆半島。甚麼時候，我想去看看他，告訴他，我們許多中國人還記着他。

日本如何對抗美國獨自造「芯」

應浙江省人力資源社會保障廳的邀請，我走進省政府大樓，做了一場《中日文化比較》的演講。我在演講中講到這麼一個例子，中日兩國的產業發展，有着一個共同的經歷，都是從模仿開始的。電腦、電視機、冰箱，都是美國人發明的，日本人把它們從美國扛回來，全部拆開之後，研究一個問題：美國人生產的玩意兒有甚麼缺陷？結果，日本人仿造的同類產品，比美國人製造的正宗產品還要先進，而且日本人會堂而皇之地打上一個標籤「Made in Japan」。而我們中國企業最初也從美國和日本扛回一些產品模仿，模仿出來的東西卻比原裝產品糟糕得多，有的企業還敢打上「美國製造」「日本原裝」的標籤，因為這樣容易來錢。

我說這個例子，是想說明「拿來主義」在世界工業發展史上是屬於普遍的行為，但關鍵是拿來之後怎麼辦？我可以很不客氣地說，日本人是學了人家的技術提升了自己的產業競爭力，而我們中國人是學了人家的皮毛，但是掙了不少的錢。

有些讀者很反感我拿日本與中國做比較，認為我是故意抬高日本，貶損中國。我很理解這種反感，因為我們中國人的血液中缺乏一種自我反省的DNA。我們總認為自己是對的，錯的都是別人，即使自己錯了，打死也不肯承認。正因為有這種劣根性，導致我們很難以一種謙恭的心態去對待別人，看待自己；也導致我們缺乏一種精益求精的精神，往往很難做出精品。比如芯片和發動機便是如此，這也是我最為擔憂的問題。

特朗普發動中美貿易戰，第一個中槍的，是中國著名的通訊設備製造商中興集團。中興的遭遇，讓我們知道了中國在芯片製造領域與世界的距離。同時更讓我們驚醒：掌握核心技術有多麼的重要。

三十多年前，美國也曾經發動過一場對日本的貿易戰，也在核心技術領域掐過日本人的脖子。那麼，日本人是如何打響保衛戰，又是如何在核心技術領域，尤其是半導體芯片領域趕超美國的呢？

一九四二年，在美國誕生的世界上第一台電腦「ENIAC」，是一個佔地一百五十平方米、重達三十噸的龐然大物，裡面的電路使用了一萬七千四百六十八隻電子管、七千二百隻電阻、一萬隻電容、五十萬條線，耗電量一百五十千瓦。顯然，佔用面積大、無法移動是這台電腦最直觀和突出的問題，如果能把這些電子元件和連線集成在一小塊載體上該有多好！我們相信，當時有很多人思考過這個問題，也提出過各種想法。英國雷達研究所的科學家達默在一九五二年的一次會議上提出：可以把電子線路中的分立元器件，集中製作在一塊半導體晶片上，一小塊晶片就是一個完整電路，這樣一來，電子線路的體積就可大大縮小，可靠性大幅提高。這就是最早的有關集成電路的構想。晶體管的發明使這種想法成為可能。一九四七年，美國貝爾實驗室製造出來了第一個晶體管，在晶體管發明後的一九五八年至一九五九年之間，基爾比和諾伊斯分別發明了集成電路，也就是我們通常在說的「芯片」的雛形。

實際上，早在基爾比和諾伊斯發明集成電路的第二年，也就是一九六〇年，日本就開始了芯片的研究。一九六〇年，日本晶體管的年產量突破一億個，連續兩年超過美國。此時，日本半導體企業沒有料到，美國在一九六二年就跨入了芯片的實用化時代。

一九六四年，基爾比所在的德州儀器公司向日本政府提出，要在日本設立全資公司生產芯片。由於日本企業此時尚未啟動芯片的生產，出於培育國內半導體產業的考慮，通產省對德州儀器公司在日本設廠的申請極力拖延。與此同時，日本政府利用融資優惠、稅收優惠等手段開始積極引導本國企業從事芯片的研發和批量生產。德州儀器公司在獨資設廠受阻的情況下，決定拒絕將芯片基本專利轉讓給日本企業。而日本政府則尋找藉口，遲遲不批准其在日本提出的芯片專利申請，以致日本企業在國內從事芯片的生產無須太多地顧忌專利侵權問題。

遏止美國公司在日本生產芯片，是日本政府當時保護本國半導體產業的一個手段。但是，如何提升日本自身的半導體研發技術，與美國形成產業競爭態勢，是日本政府一直在思考的問題。

北京大學科學技術史教授周程先生最近寫文章介紹說，一九六四年，美國 **IBM** 公司宣佈使用了集成電路的第三代計算機 **360** 系統問世。同年，法國最大的計算機生產商被美國通用電氣公司收購。這使日本政府深刻地意識到本國企業在計算機領域所存在的巨大差距，從而堅定了無論如何也要保護和培育國內計算機產業的決心。

經過一段時間的醞釀，日本通產省於一九六六年啟動了「超高性能電子計算機的開發」大型項目研究。該項目的目標非常明確，就是開發出可同 **IBM360** 系列競爭的高性能第三代計算機。通產省直接支付給參與此項目的企業補助金總額高達一百億日元。在通產省所屬工業技術院電子技術綜合研究所以及民間企業、高等院校的共同努力下，一九七二年預期目標總算得以實現。

但在一九七〇年，IBM 又開發出了使用大規模集成電路的 370 系列計算機。於是，日本通產省又被迫啟動了數個與計算機相關的大型項目研究，如一九七一年的「圖像信息處理系統的開發」。該項目跨度為十年，總補助金額為二百二十億日元。

但是，就在日本幾乎要趕上 IBM370 的水準之時，又傳來了 IBM 將着手開發第四代計算機「未來系統」的消息。該型計算機計劃使用 M 比特的超大規模集成電路，而日本企業當時在 IBM370 對抗機種中使用的只不過是 16K 的 LSI。這意味着日本的集成電路技術與美國存在着相當大的差距，如果不能在此關鍵技術領域取得突破，日本企業想超越 IBM 根本不可能。

為此，日本通產省在機械情報產業局下面專門設立了一個叫作「電子情報課」的機構，負責策劃計算機及其關鍵的存儲器的開發戰略。通產省還於一九七五年七月成立了包含多名產業界和學術界人士在內的「大型集成電路（VLSI）研究開發政策委員會」。經該委員會充分醞釀，通產省最終決定於一九七六年三月十日成立由政府和民間企業共同出資的共同研究開發組織——「VLSI 技術研究組合」。

參加「VLSI 技術研究組合」的企業全部由通產省選定。它們是日本電氣、東芝、日立、富士通、三菱電機。除美國獨資公司 **IBM** 外，幾乎囊括了日本境內所有的大型半導體生產企業。同時，通產省還決定在「研究組合」下面設立一個研究基地——「共同研究所」，由通產省所屬的工業技術院電綜研和各參加企業負責派遣科研人員組成。儘管日本早先已成立了很多形形色色的「研究組合」，但由存在競爭關係的企業各自派遣研究人員組成相對穩定的共同研究所置於「研究組合」之下，這還是第一次。

「**VLSI** 技術研究組合」的最大功績是成功地開發出了半導體加工過程中的關鍵設備——縮小投影型光刻裝置。為開發這種精密裝置，「**VLSI** 技術研究組合」以勢在必得之勢在共同研究所內組建了相互獨立的三支團隊。這三支團隊研發半導體加工裝置的技術路線雖然不盡相同，但都取得了重大突破。這些技術突破為日本後來在縮小投影型光刻裝置乃至整個半導體生產設備領域確立優勢地位奠定了基礎。「**VLSI** 技術研究組合」啟動以前，日本半導體生產設備的百分之八十左右依賴從美國進口，但到了二十世紀八十年代中期，全部半導體生產設備都實現了國產化。到二十世紀八十年代末，日本的半導體生產設備的世界市場佔有率超過了百分之五十。一九八〇年，全球半導體生產設備銷售額最高的十大公司中，日本只有一家；一九八九年迅速增長到五家。以縮小投影型光刻裝置這項關鍵設備為例，一九八〇年前幾乎全部從美國進口，但從一九八五年開始，日本的國際市場佔有率便超過了美國，到二〇〇〇年時，除荷蘭的AMSL外，生產、銷售這種關鍵生產設備的廠家都是清一色的日本公司。

由於在共同研發過程中逐漸掌握了集成電路的高精度加工以及晶圓大口徑化、印刷電路的快速檢測等技術，日本在存儲器生產領域取得了驕人的成績。

日本企業又再接再厲，拿下了百分之八十的全球市場份額，迫使英特爾、摩托羅拉等多家美國半導體企業退出了存儲器領域的競爭。至於「研究組合」作為主要目標開發的1M DRAM，日本企業則搶佔到了近百分之九十的世界銷售份額，將美國的半導體生產廠家遠遠地甩在了後頭。

一九八〇年，日本的集成電路對美貿易出現順差。到一九八六年，日本半導體產品的國際市場佔有率便開始超過美國。二十世紀八十年代，日美貿易戰爭中打得最為慘烈的戰場就是半導體。即便如此，日本以自己獨有的核心技術，在其後十年中，除個別年份外，國際市場佔有率始終高於美國。一九九五年，世界半導體企業前十中，日本佔了五席：NEC（第一）、東芝（第二）、日立製作所（第三）、富士通（第八）、三菱電機（第九）。這種狀況直到一九九五年微軟推出視窗95，英特爾推出與之相配套的改進型奔騰處理器之後才發生了根本性的逆轉。

進入二十一世紀，日本半導體產業由於故步自封，未能及時改進企業研發機制，加上後來日本電子企業紛紛拋售電腦事業和手機事業，使得日本半導體產業，尤其是芯片的生產重新落後於美國。但是我們看到，最近幾年，以NEC、索尼和富士通為代表的日本電子企業，藉助人工智能產業的發展，重新回歸芯片以及相關系統的研發，並憑藉長期積累的技術，使得日本的AI產業出現了領跑世界的勢頭。全自動駕駛汽車時代的到來，將會使得日本的芯片研發與生產迎來新的春天。

日本產業發展並不是一帆風順的，也有過不少的教訓。但是，日本人兢兢業業的做事風格，使得它有着長期厚實的技術積累。所以，我一直認為，日本走過的路、有過的教訓，都是值得我們中國學習和參考的。人類發展一定會有許多共性和不可避免的道路要一起走，無論日本、美國還是中國，只有擁有自己的東西，做人才有底氣。

為甚麼九成日本人還相信報紙

這幾年，由於互聯網和新媒體的衝擊，全球報紙行業進入了寒冬期。但奇怪的是，日本各大紙媒卻沒有出現斷崖式的減少，日子過得還挺好。

日本新聞協會最近發佈了一個調查數據，這個調查數據告訴我們有百分之九十一的日本國民相信報紙，覺得報紙是他們生活中必不可少的東西，跟每天要喝的牛奶一樣。

日本可能是全世界對報紙信任度最高的一個國家。日本人為甚麼會如此相信報紙呢？

日本被稱為「報紙王國」。二〇一六年，世界報業和新聞出版協會的統計報告顯示，世界發行量最大的報紙排行榜前十位中，日本的報紙佔據了四種。其中排名第一的是《讀賣新聞》，它的發行量達到九千一百萬份；排名第二的是《朝日新聞》，發行量為六千六百二十二萬份；《每日新聞》排名第六，發行量為三千一百六十六萬份；《日本經濟新聞》排名第十，發行量為二千七百二十九萬份。而美國報紙中唯一入圍的是《今日美國》，排名第三，發行量只有日本《讀賣新聞》的一半。中國報紙中唯一進入前十名的，是《參考消息》，排名第七。

日本紙媒的歷史都很長，而且基本上都是一脈相承，中途很少有改變。《每日新聞》是日本歷史最悠久的報紙，它創辦於一八七二年，距今已經有一百四十六年的歷史。《讀賣新聞》是日本歷史第二悠久的報紙，它比《每日新聞》晚了兩年創辦，如今不僅是日本，也是世界上發行量最大的報紙。

除了《每日新聞》和《讀賣新聞》兩大報業集團之外，日本還有四大報業集團，分別是《朝日新聞》、《日本經濟新聞》、《東京新聞》（中日新聞）和《產經新聞》。

當全世界紙媒都在苦海裡掙扎的時候，日本各大報紙雖然也遭受衝擊，發行量出現了一定程度的下滑，但值得關注的是，日本各大報社的日子過得都還不錯。原因在於，日本的報紙零售量出現了下降，但訂閱數並沒有出現太大的跌幅。日本全國一百二十家日報中，這幾年只關停了一家。

為甚麼日本的紙媒日子還能如此好過？這裡面有幾個重要的原因。

首先，日本國民相信媒體報道的公正性與中立性，他們認為報紙報道的東西都是真的。為甚麼日本人會如此相信報紙？因為日本六大報業集團都是民營的，政府沒有參股，也無法管控這些媒體。也就是說，這些報業集團沒有上級管理單位；最大的管理機構，就是報社自己的經營委員會。因此，這些媒體能夠保持自己的獨立性。

而報社本身又實行經營與編輯體制的分離，一家報社的靈魂人物，不是社長，而是總編。因為社長只負責經營，報紙的採編與立場觀點的體現，都屬於總編的權限範圍。而總編的權限，又受到兩個機構的牽制。一個是編輯委員會，負責具體的新聞報道方針和內容的審核；另一個是論說委員會，負責每天社論的撰寫。這兩個委員會實際上把控了整個報社的報道立場與方針，而不會因為總編的更換而改變一家報紙的色彩。

正因為如此，日本國民中產生了一大批報紙的追隨者。比如，思想傾向於保守和民粹主義的讀者，喜歡訂閱《讀賣新聞》；文化與旅遊資訊的讀者，喜歡訂閱《每日新聞》；公司白領和企業經營者，喜歡訂閱《日本經濟新聞》。這叫「蘿蔔白菜，各有所愛」。

按照現在時髦的說法，就是日本的報業出現了「粉絲經濟」。

日本家庭都有訂閱報紙的習慣。早在二十世紀五十年代，日本基本上就普及了報紙，這個

「普及」的概念，就是家家戶戶訂閱報紙。因此，半個多世紀以來，報紙已經成為日本人日常生活中必不可少的日用品。早上起來，泡上一壺茶，讀剛剛送到家的報紙，成了日本社會的一道風景。這道風景在電影和電視劇裡也經常出現。

正因為如此，一戶家庭中，爺爺當年訂閱的是《朝日新聞》，爸爸也一定會訂閱《朝日新聞》，而不會去選擇《讀賣新聞》，因為兩家報紙的立場觀點不一樣。

我曾經與《讀賣新聞》的總編聊過一個問題：某家汽車公司是你們的主要廣告贊助商，如果這家汽車公司鬧出了一個醜聞，你們報還是不報？

他回答得很乾脆：絕對報道，而且不會有任何掩飾。因為對報社來說，廣告商不是上帝，讀者才

是上帝；失去讀者，就意味着失去一切。

這位總編説的話，是有道理的。因為日本的報紙發行，零售只佔百分之八，百分之九十二都是長期訂閱的讀者。一旦一位讀者拋棄了《讀賣新聞》，要拉他回來，幾乎是不可能的。

文章讀到這裡，大家一定會想到一個問題，報社努力地想保持自己的公正性和中立性，那麼，當政府需要其做出配合，或者要求他們不要報道某些敏感的話題，報社會怎麼辦？

這個問題，在日本並不複雜。首先，政府沒有權力對報社和其他新聞媒體指手畫腳，更無法發號施令。因此也自然無法要求報社報道甚麼，不報道甚麼。其次，政府如果通過其他手段對某一家「不聽話」的媒體進行施壓，那結果是會遭到所有媒體的報復。

日本人普遍認為媒體的第一功能就是代表讀者，也就是國民來監督政府。因此，「批評政府」是報社的第一責任。你批評的越多，讀者會認為你的公正性就越強，對於報紙的信任度也就越高。

日本報紙之所以受到九成以上國民的信任，還有一個很重要的原因，是它獨有的發行制度。這種制度稱為「報紙專賣制度」。

日本百分之九十二的報紙都是由固定讀者訂閱的，這些讀者大多數是家庭和企業。那麼，日本的報紙，從印刷廠出來之後，是如何在短時間內把當天的報紙送到讀者手裡的呢？那就得靠日本的「報紙專賣制度」。

我們在日本農村的時候，會發現馬路邊有一間小屋，上面掛着很大的牌子，寫着「朝日新聞」。乍一看，以為是朝日新聞社的分社，進去一看，才知道是《朝日新聞》的報紙發行站。日本全國有多少家這樣的報紙發行站？有三萬多家，送報員多達六十萬人。

那麼，像《讀賣新聞》一天的早報和晚報加起來幾百萬份，是如何一一送到每一位讀者手中的呢？

每天的早報是在全國各地的印刷廠印刷的，印刷的時間是凌晨兩點鐘，三點鐘左右就分送到各個送報點。從清晨四點鐘開始，送報員就騎着摩托車挨家挨戶地投送到信箱。所以，許多人家是不設鬧鐘的，送報員的腳步聲和報紙丟進信箱的「撲通」聲，成了許多家庭的定時鬧鐘，「天亮了。」

送報員有專職的，也有許多臨時工，包括高中生和大學生，還有家庭主婦。但是，日本有一條不成文的規定，早報必須在早上七點鐘之前送達讀者的手中，所以送報員送報是爭分奪秒的。而晚報也必須在晚上六點鐘之前送達讀者手中。

這是一個全國性的浩大的送報工程，不管颱風下雨下雪，每天都在進行。而對於許多日本家庭來說，一天到晚，家裡就算一位客人都沒來，送報員都是按時必到。尤其是一些老年人家庭，對於送報員有一種特殊的情感，因此一些地方政府也與送報站建立合作關係，請送報員擔負起確認老年人安危的查詢責任。

所以，日本的讀者對於報社有一種很深的信賴和情感。紙媒走下坡路，是全球的一大趨勢。但是日本各大報社，就是靠着公正獨立的報道和對讀者熱情的服務，使得讀者對於報紙的忠誠度始終不減，依然有九成以上的讀者對報紙保持着高度的信賴和熱情。這也成為日本報業的日子比其他國家報業日子好過的關鍵，並保證日本的讀報文化得以延續。

日本人為甚麼不使用「支付寶、微信支付」

中國現在使用支付寶、微信支付已經相當流行。出門帶上手機，一切搞定。日本社會已經相當發達，但是日本國民依然信奉現金主義。日本難道沒有第三方支付的技術嗎？提這個問題，算是小看了日本，日本早在十四年之前，就已經研發出了這一技術，而且是當時世界上唯一的技術。但是這麼多年來，在日本社會土壤中，第三方支付依然受到了日本人的抵制和不信任，導致日本社會迄今為止出門還必須帶上兩樣東西，要麼是現金，要麼是信用卡。

日本人為甚麼如此抵制第三方支付，馬雲的支付寶和馬化騰的微信支付在日本到底還有沒有市場呢？

馬雲的支付寶和馬化騰的微信支付，已經登陸日本。截至二〇一七年年底，支付寶在日本簽約的店家，已經達到了四點五萬家。不僅日本各大免稅店、百貨公司、電器商店都引入了支付寶和微信支付，還佔領了日本三大便利店集團。這三大便利店集團分別是 7-11、全家和羅森，它們加起來的店舖數量就超過了四萬家，佔了支付寶和微信支付在日本市場的大頭。

從數字上來看，我們也許會為中國的移動支付手段打入日本這樣發達國家的市場而熱血沸騰。但仔細分析一下，在日本使用支付寶和微信支付的顧客，都是些甚麼人呢？可以說，百分之九十九是來日本旅遊和出差的中國人以及中國留學生，而日本人的比例不會超過百分之一。

這說明甚麼問題？說明日本人根本不用中國的支付寶。支付寶在日本的市場還是依靠中國人自己撐場面，沒有真正意義上打入日本市場。

為甚麼會出現這種情況呢？一個最簡單、最直接的原因是日本人沒有中國的銀行賬號和手機號碼，無法在支付寶和微信上開設賬號。那為甚麼會有百分之一左右的日本人使用支付寶和微信支付呢？因為這群人大多數是在中國生活和工作，有中國的銀行賬號，偶爾回日本使用一下支付寶。

那麼，日本人不用中國的支付寶，他們自己有沒有類似於支付寶或微信支付的東西呢？嚴格說來，也沒有。日本人使用現金的比例在消費者中高達百分之七十。所以，當中國的女孩子遇到男朋友生日，苦惱到底送甚麼禮物好的時候，日本女孩子已經乾淨利落地走進百貨公司，買了一隻男式錢包，因為錢包在日本依然是人人必備的隨身用品，跟手絹一樣。

讀到這裡，你一定感到好奇，現在居然還有人出門帶錢包？是的，日本人出門時一定會帶錢包，不只是帶手機。

日本人對於第三方支付手段的抵觸與抗拒，是受消費習慣、金錢觀念和法律制約的。有以下三個主要原因：

第一個原因是日本人對於個人信息的保護意識。

我們中國人已經習慣於一天接到幾個莫名其妙的電話，要麼是推銷房子，要麼就是貸款。我在中國國內出差時，打開國內用的手機，馬上就會收到亂七八糟的短信和電話。

以前對方打來電話，總是先問一句「你是徐先生嗎」，最近上來就直接說「你是徐總吧」？好傢伙，他是怎麼知道我的名字和職業的呢？

其實很簡單，說明我的個人信息不僅已經被泄露，而且已經被倒賣。

這樣的事情，如果發生在日本，會是一種怎樣的結果呢？你可以立即報警，打電話的這家公司，一定會被查處，因為它觸犯了日本的法律《個人情報保護法》。在日語中，「情報」兩個字，跟中文中的「情報」兩個字的含義是有區別的。日文中的「情報」兩個字，它的意思是「信息」，而不是「機密情報」。

《個人情報保護法》是在二〇〇五年制定頒佈的，規定得很明確，如果地方政府、團體和企業等機構泄露了個人的姓名、出生年月日、性別、住處等特定信息，必須接受政府的行政監察，如果不採取措施予以補救和阻止的話，將被判處六個月的有期徒刑或者三十萬日元以下的罰款。罰款是小事，但是從此將失去消費者對你的信任。

所以，我在日本，就從來沒有接到過莫名其妙的電話和短信。

正因為日本人很在意個人信息的保護，所以，像支付寶、微信支付這樣的第三方支付手段，在日本就發展不起來。因為你買了甚麼、在哪裡買的、花了多少錢、你有甚麼嗜好、每天在吃甚麼、今天去了哪裡等這些私密性很強的個人信息，都會被當作大數據，被企業收集，甚至被政府某些部門利用。

所以，日本政府推了幾年的身份證制度都推不起來，也是這個原因。

第二個原因是銀行的抵制和良好的信用卡使用環境。

對於傳統銀行來說，賬戶間的轉賬手續費仍是它們重要而穩定的收入來源之一。在日本，網購大多使用信用卡結算，甚至會出現「銀行轉賬」這種我們中國人購物時已經很少使用的結算方式，但很少有網站開放借記卡或者儲蓄賬戶通道。

從商戶端來看，日本的信用卡使用率遠超借記卡，這一點與中國龐大的借記卡消費階層不同。也就是說，你拿一張不帶信用卡功能的銀行卡去刷，在日本是刷不出來的。但是，我們中國的借記卡，只要是銀聯系統的，都可以刷。中國消費者使用借記卡可以享受到與使用信用卡一樣的服務，因為中國的信用體系是建立在第三方支付端上，就像在淘寶上買東西，信用體系是建立在馬雲的阿里巴巴上，而不是中國人民銀行上。

而在日本，判斷信用這件事本身是交給銀行和信用卡公司的，而銀行和信用卡往往是一個支付平台。

日本超強的信用環境和信用卡服務，讓日本人用信用卡在網上付款很輕鬆。比如日本亞馬遜，用戶的信用卡信息都可以直接存儲在網絡端上，支付時根本不用輸入密碼。而用戶也不用擔心自己的信用卡被盜用，因為被盜用的話，亞馬遜的規定是「賠償無上限」！你損失多少，賠你多少。

第三個原因是日本人的金錢觀念。

有一個統計，說日本二十歲以上的成年人平均擁有二點六張信用卡。中國央行的最新支付體系報告說，中國人均持有信用卡零點三一張，商務人士最多的北京，信用卡人均擁有量最多，也只達到一點三五張，只是日本全國平均值的一半。可想而知，日本是多麼喜歡信用卡。

但是日本也有相當一部分人不用信用卡，出門只帶現金。這些日本人認為，在購物時如果使用信用卡，會產生兩個特別的心理反應：一是反正現在不用付現金，買了再說，所以花錢不會看錢包裡有沒有錢，只需瀟灑簽字。二是付錢時不是一張一張數現金，刷信用卡只是看一個數字，會對金錢的價值產生一種麻痹性。結果到了月底，收到信用卡公司的賬單，才會大吃一驚。日本由此出現了一批因為信用卡透支而無法歸還的破產群體。也正因為如此，許多人情願一張張數現金，也不願意成為信用卡破產族的一員。

日本的一些商家也是拒絕接受信用卡的。一方面，他們不願意承擔信用卡公司的手續費；另一方面，他們不願意忍受信用卡公司三個月之後現金到賬的規矩，更喜歡每天關門時數現金的樂趣，以保證商店有足夠的流動資金。

雖然阿里巴巴已經宣佈在二〇一八年要打入日本市場，讓支付寶不只是在中國人圈裡打轉。但是，這個目標能不能實現，問號很大！

精細管理

新幹線運營管理如何做到極致

二〇一八年春天，我在東京接待了成都藝術城的董事長王強先生。王強先生是一位很有情懷的企業家，他覺得房地產開發公司不應僅僅建造冰冷的房子，還應該賦予業主們一種高尚的情懷，提升社區居民的文化與藝術的素養。兩年前，王強先生特地邀請我去廈門的國際社區做了一場題目為《告訴你一個真實的日本》的演講。他說，你得告訴我們社區的居民們，發達國家的和諧社會是怎樣一個社會，它是怎樣形成與建設的，從中去發現中日兩國的差距，找到自己努力的目標。

這次，王強先生帶了朋友，沿着我在喜馬拉雅 FM《靜說日本》節目中特別介紹過的一條旅遊路線，從京都到高山古鎮，從世界文化遺產的白川鄉到有「小京都」之稱的金澤，又從金澤坐新幹線沿着日本海到東京。他一路感慨萬千，說沒有想到日本的農村是那麼整潔美麗，而日本新幹線的內部裝飾居然是如此的高雅，體現了濃濃的和文化情懷。於是他建議和我一起來打造一檔專門介紹日本匠人文化的系列節目，我說：「好啊，你出題目，我來做。」

王強先生給我出的第一個題目是：日本的新幹線為何如此精緻？

日本的新幹線誕生於一九六四年，許多讀者朋友可能還沒有出生。這一年，日本承辦了第一次東京奧運會。為了顯示日本戰後復興的成果，日本用了四年的時間，建造了這條從東京到大阪的高速鐵路的新幹線。當時新幹線的時速是二百公里，對於還在乘坐時速三十公里的綠皮火車的國家來說，日本的新幹線已經屬於「子彈列車」了。

為甚麼日本當時能夠造出世界上最高速的列車？原因其實很簡單，雖然日本在第二次世界大戰中戰敗投降，而且日本列島還被美軍炸得一塌糊塗，但是人還在，技術沒有滅亡。因此，在二十世紀五十年代開始進入經濟復興時期的時候，日本人首先想到的是，如何將東京首都圈和關西經濟圈這兩大日本的經濟核心地區建立起最為緊密的聯繫？於是想到了建造高速列車。

東京到大阪的距離有五百一十五公里，當時坐夜行列車需要一個晚上。新幹線建成後，東京到大阪只需要四個小時，提速之後，現在只需要二小時二十五分鐘。

從一九六四年開通東海道新幹線以來，到目前為止，以東京車站為樞紐，日本已經建造了八條新幹線，從東京始發，可以穿越海底隧道，直接登陸北海道。也可以從東京出發，直接抵達最西南端的福岡市。現在除了沖繩縣還沒有新幹線外，其他大部分地區都已經覆蓋了這一高速鐵路網絡。

日本是一個多災多難的國家，地震和颱風頻繁襲擊日本列島。但是半個多世紀以來，日本的新幹線創下了兩大奇跡：一是沒有因為列車自身原因死過一個人；二是準點率以秒計算，東海道新幹線的全年平均晚點時間在八秒以內。

為甚麼日本的新幹線能夠創下這兩大奇跡呢？

日本的新幹線從車輛技術到運營管理系統，都是日本自己研發並逐年提高的。長年的技術積累和堅定的安全經營意識，使得日本新幹線始終以「安全」為第一考量，「速度」排在第三位，第二位是「經濟利益的平衡」。

日本新幹線在半個多世紀中，時速從最初的二百公里到目前的三百二十公里，只提升了一百二十公里。而我們中國的高速鐵路從日本和德國等國家引進才十多年，「復興號」已經跑出了三百五十公里，為甚麼日本的新幹線跑不出三百五十公里的時速呢？

其實，在中國還沒有引進高鐵的一九九七年，日本新幹線955系列就已經跑出了四百四十三公里的時速。日本為甚麼硬是把速度降下來，始終控制在三百公里左右呢？我採訪了JR東海鐵道公司的技術部長，他告訴我幾個原因。

第一是出於運營安全的考慮。因為日本是一個島國，大部分地區是丘陵地帶，許多新幹線線路是不斷地穿越隧道的，當列車高速穿越隧道時，車頭會產生壓縮波，車尾會產生膨脹波，乘客坐在新幹線列車上，耳膜會有一種壓迫感，影響坐車的舒適度。因此，日本的新幹線不宜開到時速三百五十公里以上。

第二是為了防止地震導致的交通事故。日本各地經常發生地震，如果列車速度過快，在地震波來襲之前不能有效減速停駛，那麼很可能會飛出鐵軌，釀成重大災難。

第三是出於經濟利益的考慮。日本鐵路公司經過測算，新幹線時速控制在三百公里以下，其輪軌的磨損率處於最經濟、最合理的區域。如果時速超過三百公里，磨損率會出現大幅提高，運營成本也會因此大大增加。

「我們不能因為早到十幾、二十分鐘而去冒這個險。」這是這位技術部長最後跟我說的話。

日本的新幹線不在速度上忙活，那麼這麼多年來在忙活甚麼呢？他們在安全性能、減少噪音、提升穩定度和坐車的舒適度上下功夫。

日本新幹線有幾項特殊的技術，值得我們關注。

首先是遭遇地震時的瞬間緊急停車系統。日本的新幹線大部分線路是在靠近太平洋一側的沿海地區，這一地區是太平洋板塊和菲律賓板塊與歐亞大陸板塊的交疊處，地震十分的頻繁。二〇一一年發生的東日本九級大地震，也是在這一沿海地帶。當年地震發生時，在災區奔跑的新幹線列車就有二十多列，最終只有一列新幹線列車在高架橋上出軌，但是沒有人員傷亡。為甚麼日本的新幹線能在如此巨大地震來襲時，依然安然無恙？地震緊急停車系統發揮了很大的作用。當地震發生的瞬間，鐵路公司就能在地震波尚未抵達鐵路線的十幾秒的時間裡，通過這一系統實施緊急自動減速，當地震波來襲時，新幹線已經處於減速運營狀態，最大限度地避免出軌的危險。

新幹線不僅設置了對各條線路上行駛的列車進行監視和遠距離控制的中央控制系統，每條線路還安裝了稱為「ATC」的列車速度自動控制系統。這個「ATC」裝置可以自動調整新幹線列車的行駛速度或停止運行，並不需要駕駛人員操作。如果前方和後方列車接觸距離接近一千五百米時，雙方列車都會自動緊急刹車，避免撞車事故的發生。由此可見，日本新幹線早已經可以無人駕駛。

日本新幹線採用的是動力分散方式，以每節車廂的車軸作為驅動，不需要沉重的機車，由此車廂的軸重便可大大減輕，不僅易於加減速和在大坡度線路上平穩行駛，也降低了噪音和振動，大大提高了旅客的舒適性，同時，由於降低了對軌面的壓力，既降低了建設成本又提高了經濟效益。隨着半導體技術的迅速發展和應用，新幹線列車的制動系統由原來的空氣制動改為電空聯合制動與再生制動，使用再生制動的列車在制動時會將電機的接線反接，這時電動機就變成了發電機，將列車制動時的巨大動能轉化為電能，從而節省了能源。日本新幹線是目前世界上運營品質最佳的高速鐵路。

我們中國是在二〇〇四年引進日本的新幹線的，當時引進的新幹線是奔馳在日本東北地區的「疾風號」新幹線，最高時速為三百八十公里，實際運營時速為二百七十五公里，目前的「和諧號」與「復興號」列車，基本上都是在日本「疾風號」新幹線的基礎上提升創造發展起來的。

講完硬件，我們來說說日本新幹線的軟件。

日本新幹線車廂的整潔度，是世界一流的。車廂能夠保持整潔，做到一塵不染，首先歸功於清掃員。東日本鐵道公司旗下的一家清潔公司——TESSEI，共有九百多名員工，每天要完成一百五十趟到達東京車站的列車清掃。即使在這麼繁忙的工作下，清掃員們依舊要在列車到達前三分鐘列隊向下車乘客鞠躬，高聲喊着「您辛苦了」。然後用五分鐘的時間，打掃乾淨十五節車廂。

其次要感謝乘客的素養。不亂扔東西，所有的垃圾在下車時自己帶走，分類扔到站台上的垃圾箱裡，大大減輕了清掃員的勞動強度，縮減了清掃時間。

最後是日本新幹線的盒飯沒有湯湯水水，而且搭配每個盒飯、每杯熱咖啡，都有不同型號的塑料袋送給你，既便於處理吃剩的飯菜，又避免湯水弄髒列車的座椅和地毯，而且不會散發出異味。

日本新幹線的舒適度不只是乾淨，還在於安靜。日本新幹線上有兩條不成文的規定：一是禁止打電話，二是禁止大聲説話，原因是為了不影響他人的休息。新幹線車輛內始終是安靜得沒有其他的雜音，可以安安靜靜地看書、上網或睡覺。所以，上新幹線時把手機調成靜音，是許多日本人的習慣。萬一接到必須接聽的電話，也會離開座位去車廂連接處接聽。

日本新幹線的舒適度，還體現於車廂內的裝飾。車廂內的燈光、座椅的色彩、地毯的顏色等，都是由燈光設計師和色彩設計師們共同研究打造的，體現出高級感、寧靜感和舒適感。

一列新幹線列車，一般都由十五節車廂編成，大部分新幹線列車都有商務座和綠色座（也就是一等座）、指定座、自由座。商務座的車廂，使用日本最貴重的檜樹木做裝飾材料，所有座位都使用做和服的高級面料「西陣織」，牆體上貼有金澤出產的金箔，營造出寬敞豪華的空間。在北陸新幹線、山陽新幹線和東北新幹線上演繹得最為淋漓盡致。而車體也根據不同的路線，設計出不同的色彩與線條。

讓你感到舒適的，還有列車服務員的笑容。無論是查票的列車長，還是推着小車的售貨員，都面帶笑容，輕聲細語，離開一節車廂時，必須轉過身來，向這節車廂的乘客鞠躬致謝，哪怕只有一名乘客也必須這樣做。如果你手裡有垃圾要扔掉，乘務員一定會接過你的垃圾捧在手裡離開。

再說一說新幹線的廁所。新幹線的廁所在車廂的連接處，分成男廁所、女廁所和需要幫助人士專用廁所。坐便器是溫水自動沖洗，專用的洗手間有寬大的鏡子，放出來的水也都是溫水；廁所乾淨沒有異味，如同賓館的洗手間。

全世界許多國家都在發展高鐵，我們中國高鐵的里程都已達二萬公里，早已超過日本成為世界高鐵第一大國。但是，如何做到最高品質的安全與精細化管理，如何提升高鐵搭乘的最佳舒適度，如何將高鐵的服務做到極致，日本在這些方面，比世界任何一個國家都做得到位。

目前，日本已經開工興建從東京到名古屋的新一代高鐵，也就是中央磁懸浮高速列車，試驗時速已經創下世界最快的六百零三公里紀錄。日本一直在默默地往前走，而每一步的前行，都是獨自的創新，都是整體技術的提升，這就是國家實力之所在。

如果讀者朋友們去日本旅遊、出差的話，一定要去體驗一下日本的新幹線，找一找中國高鐵與新幹線的不同之處。對了，順便告訴大家，日本的新幹線是沒有候車室和安檢的，隨到隨走。

日本如何管理民宿的「野蠻生長」

在日本，「民宿」由來已久。早在一百多年前的明治維新時期，日本各地就開始發展民宿。在日本人的印象中，民宿就是家庭旅館。留給人們最深的印象，應該是一對老夫妻將家裡的一部分房子整理出來，弄成幾間榻榻米房間，晚上安頓好客人，早上起來為客人們準備好烤魚、納豆和醬湯；客人離開後，老夫妻出門相送，相互鞠躬道別。

這樣的家庭式旅館的民宿，大多開在客人較少的偏僻農村和海島，很少開在東京大阪和京都這樣的國際大都市中。

二〇一四年，來日外國人總數突破了一千萬人，尤其是在櫻花盛開的春季和楓葉滿山的秋季。東京、京都等一些旅遊核心城市出現了一房難求的現象，引起了外國遊客的強烈不滿。加上二〇二〇年東京奧運會開幕在即，屆時也將有大批外國人湧入。因此，日本政府想出了一個辦法，鼓勵人們把空閒的房子做成簡易民宿，供遊客居住。於是，日本各大城市湧現了大批簡易民宿（稱為「民泊」），大小房東搖身一變，全成了民宿老闆。

但是很快，問題出現了。

深更半夜時，居民區裡的居民們聽到行李箱拖地的煩人噪聲，馬路邊一群外國人説着聽不懂的話在大聲嚷嚷。

為甚麼會出現這樣的問題？原因很簡單，外國遊客搭乘飛機飛到日本，拿個手機地圖一路尋找，好不容易深更半夜地拖着行李箱抵達民宿的位置。因為日本的小街小巷很少有路名，每一戶人家的門口也很少有門牌號碼，因此要找到你要入住的那一間民宿，許多時候有一種瞎子摸象的感覺。情急之下就會敲錯門，或者乾脆敲開鄰居的房門問路。深更半夜開門見到幾位外國人，日本人一定十分緊張。而遊客們好不容易找到鑰匙走進房間，肚子餓了開始弄吃的，或者説話聊天，日本的老式木板房民宿隔音特差，隔壁鄰居只聽到嘰裡呱啦的外國人説話，就是不知道在説甚麼。

我在這裡還需要給大家特別解釋一個日本的「二十一點鐘規則」，這一規則是不是法律規定的，我沒有查實。但是，在日本社會有一個約定俗成的規矩，就是過了二十一時，你不可以給人家家裡打電話，也不可以去敲門，除非遇到緊急情況。如果討債公司在二十一時還去人家家裡討債的話，那麼借錢沒還的人只要報警，警察就會以「非法入侵住宅罪」將討債人逮捕。

可事實上，不少外國遊客找到自己要入住的民宿時，已經是二十一時之後。在這一時間段驚動鄰居，尤其是行李箱摩擦地面的噪聲在夜空中不斷迴響，自然會令民宿周邊的人感到憤怒。

另外一個原因，是扔垃圾。由於許多的簡易民宿，房主並不與客人居住在一起，因此要求客人離開時，必須自己把垃圾扔掉；而日本扔垃圾，每天扔甚麼是有明確規定的，垃圾必須分類。結果，不少外國遊客離開時，直接將垃圾扔在門口，或者把酒瓶易拉罐和一般的生活垃圾混在一起，讓社區的垃圾管理人員十分頭疼；許多時候，這些管理人員不得不打開遊客的垃圾袋，重新將垃圾進行分類處理。

問題還在於，投資經營簡易民宿的許多並不是日本人，而是外國人；而外國人當中絕大多數又是中國人。這就使得日本民眾對於外國人在他們的社區裡經營民宿又不遵守基本的社區生活規則，產生了極大的不滿。

這幾年，在民宿裡還發生過幾起轟動日本全國的刑事案件。福岡縣一名經營民宿的男子強姦了一名前來投宿的韓國女性；一個美國人在大阪租了一間民宿，殺死了一名日本女網友，並對她進行了分屍；東京新宿附近的簡易民宿，成了賣淫女的情人小旅館。

因為這些問題，大阪、京都的一些市民走上街頭示威遊行，要求政府禁止在居民區裡經營民宿。甚至有一些市民直接跑到東京的國會議員會館，向自己選區的議員們控訴。經過幾次討論，日本政府終於下決心整治民宿市場。日本國會在二〇一七年六月通過了《民泊新法》，並在二〇一八年六月十五日實施。

日本的這部新法，對於簡易民宿的經營有了一個明確的規定，就是一年當中只能經營一百八十天，也就是半年，其餘時間不得經營。還有一個規定，那就是民宿必須二十四小時有人管理，如果房主無法與客人同住，必須委託第三方管理公司進行管理。

除了以上這兩條最基本的新規定之外，《民泊新法》還有一個重要的解釋，那就是允許地方政府在這部新法的框架之內制定符合本地要求的實施細則。

於是京都府政府規定，京都府範圍之內的民宿，一年只能經營兩個月，並且規定時間是從一月十五日到三月十五日。這個時間段是新年剛結束，櫻花還沒盛開的旅遊淡季，大酒店都接不到遊客，民宿還有甚麼人去住呢？

在東京，澀谷區政府規定民宿經營只適用在寒暑假期間，其他時段全區禁止；東京都新宿區、中野區、杉並區、板橋區、練馬區、足立區等區域則規定住宅區只能在週末和休息日經營。中央區和台東區更是作出了一個不可思議的規定：星期一到星期六早上不可以經營民宿。這就是說，早上別讓我看到入住的遊客，一旦看到，就是違規。這就是逼着遊客必須在太陽出來，鄰居出門之前趕緊溜。用一句中國的流行語叫「臣妾做不到」。這一規定，等於是變相禁止了簡易民宿的經營。

問題還不僅僅是這些，現在在京都、大阪、東京、奈良、橫濱、福岡等城市經營的各種大小新民宿有一萬多家，由於《民泊新法》的出台，這些迄今為止無證經營的民宿，必須要向當地政府申請經營許可證。不然的話，二〇一八年六月十五日之後就是非法經營，不停止營業的話，就面臨吃官司。

根據日本觀光廳公佈的數據，從二〇一八年三月開始申請，到五月中旬為止，日本全國獲得經營許可證的民宿有一百五十二家。許多民宿經營者說，日本政府設定的審批條件實在太苛刻，而且審批速度特別慢，事實上就是拖過六月十五日這一天，讓你自己自然停業關門。神戶市、名古屋市所在的兵庫縣政府乾脆宣佈，不僅全年禁止民宿，而且不會新批任何一家簡易民宿。

日本政府嚴格限制和規範簡易民宿市場，給整個民宿市場帶來了極大的衝擊。首當其衝的是民宿運營管理平台。

全球最大的民宿運營平台 Airbnb，截至二〇一八年春季，在日本的房源約六點二萬個，現在在該平台上搜索日本這一目的地，顯示房源僅有六百餘間。而且為了應對這次的新法風暴，Airbnb 準備了一千萬美元的違約賠償金。

來自中國的民宿運營平台途家，於二〇一六年將第一個海外子公司落地日本。隨後，自在客、大魚等也開始進入日本當地獲取房源，椰子住宿也從當地嚮導服務漸漸轉型為線下民宿運營商。

《民泊新法》實施後，這些運營平台全砸了，因為他們很難簽約到合法的簡易民宿，陷入了「開門關店」的尷尬狀態。

同時受到衝擊的，還有大批來自中國的個人投資者。他們原計劃在日本的各大城市買房之後，通過經營民宿來回收投資成本。但是，這一計劃可能落空。

《民泊新法》還將衝擊日本的二手房市場。日本不動產研究所公佈的一項調查報告顯示，日本全國現有二千四百萬戶閒置房，而且隨着少子老齡化問題的日益嚴重，處於逐年增加的狀態。近年來，中國人等外國人成為日本二手房市場的主要買主。《民泊新法》的實施，將大大打擊海外投資者的投資熱情，也將導致二手房市場價格的進一步回落。

雖然簡易民宿市場得到了有序整治，但是，來日外國人已經接近三千萬人。東京將在二〇二〇年舉辦奧運會，屆時將出現外國人來日高峰潮。如何解決這麼多外國人的住宿問題，依然是日本政府必須面對的重大課題。

羽田機場國內線為何不查身份證

陪同中國來的一個代表團到日本各地訪問，在東京羽田機場國內航線辦理登機手續時，大家發現，羽田機場居然不查乘客的身份證件；進入候機樓，只檢查隨身攜帶的物品。大家感到很不可思議，如果乘客是冒名頂替，或者說他是一個在逃犯，那麼如何保證乘機的安全呢？

羽田機場似乎並沒有把問題想像得如我們那麼複雜，他們只考慮如何讓乘客搭乘飛機享受到像搭乘公交車一樣的便捷，這才是機場應該提供的服務。

東京羽田機場是日本最大的機場，每隔三分鐘就要起降一個航班，所以起降的密度也是日本最大的。這座建於東京灣海上的大型機場，有四條跑道，二十四小時起降，以國內航線為主，同時也開闢部分國際航線。二〇一七年的客流量超過了八千五百萬人次，並且每年以百分之六的速度增長。

那麼，東京羽田機場管理公司是如何管理這座世界排名第四的國際機場的呢？

如果你有機會在東京羽田機場搭乘日本國內航線，會在機票上或者候機大廳的安檢入口處看到這麼一行字：「請您在飛機起飛前十五分鐘通過安檢。」

這句話是甚麼意思呢？就是說，你只要在飛機起飛前十五分鐘抵達安檢處，就可以登上飛機，不會耽誤你的行程。

那麼，根據中國人的經驗，如果在北京首都國際機場或者上海浦東、虹橋機場搭乘國內航班的客機，通過安檢需要幾關。第一關是核查乘客的身份，你得準備身份證或者護照，由安檢人員查一查你的登機牌上的姓名和身份證件是否相符，你是不是司法部門通緝的罪犯，或者是不是一個被法院限制了高消費的「老賴」。如果沒有問題的話，給你拍照留底，你才能進入第二關，那就是檢查隨身攜帶物品並且過安全門。不經過這兩道關，你是絕對登不上飛機的。

那麼在東京羽田機場，你需要經過幾關才能登機呢？答案是：只有一道關。那就是只查隨身攜帶的物品，不查乘客的身份。

在東京羽田機場登機，並不一定需要機票，如果你是用信用卡買的機票，只要用手機辦理一下登機手續，要到一個座位號，然後刷一下信用卡，就可以進入候機大廳。或者你自己去打印一張登記卡要到一個二維碼，在手機上保留這個二維碼，並在隨身攜帶物品的安檢處掃一下二維碼，安檢處會馬上打印出一張登機條給你，這樣你就可以進入候機大廳，並憑這張登機條登機。

那麼，羽田機場國內航線對於乘客隨身攜帶的物品的安檢，有甚麼講究呢？很簡單，簡單到可以帶礦泉水。

因為國際航線是根據各家外國航空公司的安檢要求對物品進行檢查的，尤其是美國的航空公司要求最多，因此對於隨身攜帶的液體有一定的限制。但是日本國內航線的客機對乘客就沒有這麼多的限制和要求。在隨身攜帶物品的安檢處，有一台小小的液體檢查器，你只要把一瓶礦泉水放在這台檢查器上，不需要打開蓋子，它就可以檢查出裡面是水還是汽油或者是其他危險品。所以，在羽田機場搭乘國內航線，是可以帶礦泉水和灌滿水的水杯登機的。

另外，你不需要掏出身上所有的物品，只要把大的金屬品掏出來就可以。手機、照相機是必須要掏出來的，其他的像錢包、鑰匙和硬幣等，都不需要掏出來，因為機場安檢的目的只是檢查你有沒有攜帶兇器等可能危及飛機安全飛行的物品登機，而不是檢查你所有的物品。

東京羽田機場為甚麼要在這個「十五分鐘」上做文章？第一個目的，是與新幹線競爭。因為如果你坐的是新幹線的話，提前十五分鐘抵達東京車站就可以坐上列車。從東京車站的檢票口到新幹線的站台，一般來説需要走五分鐘左右，自然是沒有安檢。也就是説，你提前十五分鐘抵達車站，還有時間買上一份盒飯，一罐飲料，然後拎着盒飯和飲料，穩穩當當地走進新幹線站台，坐上新幹線的列車。

東京羽田機場為了能夠與新幹線展開同一時間的競爭，就必須提供與坐新幹線一樣的便捷服務。也就是説，乘客如果沒有托運行李，提前十五分鐘抵達安檢口，就可以順利登上飛機，這樣就大大方便了拎着一個小包搭乘飛機的商務乘客。

羽田機場不設身份安檢的第二大原因是減少機場的管理成本。當然這裡面有一個很重要的社會背景，那就是日本是一個講究誠信與信譽的社會，沒有人會在搭乘飛機這件事上渾水摸魚或者故意製造麻煩。至少羽田機場迄今為止還沒有發生過乘客在飛機上鬧事的案件。

事實上，東京羽田機場要核實乘客的個人信息與身份，存在着很大的難度。根本原因是日本社會沒有建立起一套身份證制度，也就是説，日本國民迄今為止，沒有全國統一的身份證。假如個人要去辦理銀行卡、購買機票，或者購買手機等，憑甚麼來證明其身份呢？日本基本上是看有個人照片的汽車駕照和護照，或者地方政府發行的健康保險卡。對於在日本的外國人，包括留學生，查看在留卡。

比如你在網上購買日本國內機票，所有的個人信息都是你自己填寫的，而且不需要提供駕照、健康保險卡號碼，唯一要求絕對準確的，是你的信用卡的賬號與卡上的姓名。

日本人為甚麼沒有身份證？首先是日本政府很想學習中國的做法，對每一位日本國民的身份實行編號，以便將個人信息進行統一的管理。但是，這一做法遭到了國民的強烈抵制和反對，因為這樣做，政府很容易掌握國民個人全部的隱私，包括資產、家庭成員狀況、婚姻狀況、銀行儲蓄，尤其是個人行蹤。日本人認為，政府強制實施身份證制度，侵害了個人信息保護權利。

其實，日本政府早在二〇〇三年就在國會通過了《住民基本台賬法》，「台賬」兩個字在日語中，就是「流水賬」的意思。根據這部法律，日本政府給每個國民，也包括給長期在日本生活居住的外國人進行編號，並發給一張帶有芯片的住民卡。雖然為了防止個人信息的泄漏，這張住民卡上沒有印刷身份號碼，而且還可以自己設定使用密碼，但是依然遭到了許多國民的抵制。公開的資料顯示，目前各地方政府迄今為止只發行了八百多萬張住民卡，而日本的總人口是一點二七億人。

正因為不普及，這張日本版的身份證至今還無法在全國各個行業通用起來，也沒有人要求必須出示這張住民卡，自然在搭乘飛機和新幹線時，都沒有人查看。日本人保護個人隱私的意識，比其他很多國家的民眾都要強。

東京羽田機場國內航線不僅不查身份證件，還準備向一般的民眾開放整個候機大廳，允許送客的人也進入候機大廳，把自己的親朋好友一直送到登機口。

東京羽田機場認為，日本各地的新幹線列車都允許非乘客民眾購買一張進站票，就可以把親朋好友直接送到列車上，或者到站台上迎接親朋好友。那麼，機場為甚麼就不可以這麼做呢？

所以，東京羽田機場正在積極準備向民眾開放整個候機大廳，送客的人可以通過安檢與乘客一道進入候機大廳，可以在候機大廳裡一起吃飯、一起購物，然後把客人送到登機口，看着客人登上飛機。

東京羽田機場之所以準備這麼做，有一個很重要的考量，就是要把整個機場的候機樓都打造成一個機場商業中心。一旦送客的人可以進入候機大廳，勢必會讓候機大廳內的店舖生意好起來，裡面許多空間都可以開發成餐廳或者商舖。而機場只要把控好登機口，就可以保證飛機的飛行安全。最終的目的是要讓乘客們享受搭乘飛機的便捷；充分利用機場、利用飛機。

東京羽田機場這樣做，難道沒有維穩和反恐的壓力？確切地說，這種壓力不是很大。因為日本國民如果有甚麼不滿，可以直接跑到首相官邸前去抗議。因為日本民族的單一性，國內沒有民族衝突。總體來說，日本國民心態大多比較平和，整個社會講究誠信，全體國民又享受統一標準的醫療、養老等社會保障待遇。因此，政府不需要投入很多的人力財力去管理國民，大大節約了整個社會的管理成本。

東京將在二〇二〇年舉辦奧運會，對於東京羽田機場來說，只要把控好國際航班進出的安檢，國內航線的候機大廳就可以做商業中心，讓機場成為人們休閒、購物的好場所。

日本在拾金不昧問題上的制度設計

日本國立科學振興機構（JST）邀請我做一場關於中國新時代的演講。大熱天到了二百多人，真心感到日本社會對於中國未來的關切。

演講結束後，我打車離開，發現西裝上衣口袋裡的錢包沒了，所有的卡和身份證件全在裡面。這下可驚動了JST的工作人員，大家幫我一起回憶，估計會丟在哪裡？

我說，來的時候，出租車直接把我送到大樓門口，我掏出錢包付車費，付完車費後拿了西裝下車，在大樓一樓的沙發上坐了一會兒，然後工作人員接我去了會客室。

於是大家分頭尋找，會客室、會場裡都沒有，問了大樓管理公司，也沒有發現。

「會不會是有人撿到之後送到了總務部？」於是大家又急匆匆地趕到總務部，發現總務部的人都已經下班，大家一個個打電話聯繫詢問。

忙活了一個多小時，還是沒有任何消息。大家安慰我別擔心，絕對不會丟，一定被誰撿到後放在了哪裡。

這是我第二次在日本丟錢包，上一次應該是在十年前，把錢包落在了出租車上，最後司機給我送了回來。因為錢包裡現金多，我給了他幾萬日元的謝禮。這次有點懸，因為錢包裡現金只有二萬日元，沒啥油水。

最後大家建議，要不去附近的警察崗亭問問，是不是有人撿到送給了警察？

於是幾個人陪我一起去市谷車站前的警察崗亭。

值班的警察告訴我，沒有人送錢包過來。

這下，我可死了心。

不過，警察問我：「錢包裡有沒有個人證件？」我說有，有在留卡。他打開東京警視廳失物招領網站，輸入我的名字，結果居然看到我的錢包已經出現在「拾到物」的名錄上。根據網站的提示，我的錢包目前保管在麴町警察署，編號是二五三八。

從丟失錢包到看到撿到信息出現在網上，前後是三個小時，這個速度已經夠快。但是這位警察說，一般情況下，如果有人把撿到的東西送到警察崗亭或警察署，只要有名字可以確認，都會在第一時間直接登錄失物招領網站。他說：「丟失東西的人一定很着急。」

這位警察馬上打電話到麴町警察署，但是警察署告知，保管錢包的人已經下班，錢包被鎖在保險櫃裡。

沒辦法，只能等過了週末再去領。看來，保管的人不着急。

離開崗亭時，警察問我：「口袋裡有沒有車錢？」我說：「你借給我？」他說：「如果沒有的話，我們有制度，崗亭可以借錢給你。」

警察的話，讓我產生了好奇：「是甚麼制度可以借錢給我？」

他從網上調出了一個網頁，上面寫着：公眾接遇賠償費制度。這項制度是在一九六三年開始實施的，距今已經有半個多世紀的歷史。

警察說，這項制度是警察對遭遇特殊困難的人實施的一項緊急資金救助措施，主要應對四種情況：第一，外出時錢被盜，或者遺失者無交通費；第二，對於失蹤者實施保護時所需要的應急費用；第三，對於倒在路上的病人的保護費用和遭遇交通事故等負傷者的救護時所需要的應急費用；第四，其他認為有必要實施救助的費用。

我問警察：「你能借給我多少錢？」他回答説：「一般來説，是一千日元（約六十元人民幣）。但是如果是在外地，所需路費較多的話，只要情況屬實，也可多借。」

借了警察崗亭的路費之後，怎麼歸還？他説：「只要還到東京警視廳範圍內任何一個崗亭和警察署就可以。在外地的話，可以通過郵局郵寄。」

「假如説借了錢不還的話，會怎樣處罰？」

他説，這筆經費屬於國民税金（國庫資金），借了不還的話，原則上是犯了詐騙罪。第一次的話，警察不會追究；如果多次借錢不還，那麼警察就會採取行動。

網上有消息顯示，二〇一二年，東京的一位五十七歲的無業老漢多次以「無錢回家」為由向警察崗亭借錢不還，結果以「詐騙罪」遭到逮捕。

警察借出去的錢，歸還率有多高？

二〇一五年的東京警視廳的數據顯示，一年中有一萬三千九百九十八人借錢，借出去的金額為六百八十八萬七千三百四十六日元（約四十萬元人民幣），歸還率是百分之七十八點六。這一數據比二〇〇九年的百分之六十四點三有了很大進步。但是也可以看出，超過百分之二十的人還是借錢沒還。

當然我沒有向警察叔叔伸手借錢，前來聽我演講的《日本經濟新聞》的中澤先生已經塞給我一萬日元。但是，我真心覺得，公眾接遇賠償費制度是一項好制度。

週一上班，我去了東京警視廳麴町警署領錢包。第一次走進警局，還挺緊張。警署不查身份，沒安檢。門口的值班警察直接告訴我：去四樓的會計課。

坐電梯時，進來兩名掛手槍帶手銬的警察，擠在一起，氣氛極度異樣。大樓太舊，估計已經有三十多年的歷史。會計課在四樓的一個角落，上面貼有兩塊牌子，右邊一塊寫着「失物招領」，左邊一塊寫着「手續費」。裡面坐的都是女警，穿着沒有肩章的制服，有點像大公司的事務小姐。

看到「手續費」，我問領取失物是不是要交錢？女警說：「那是交駕車違章罰款的。」

原來，撿錢和交錢是在一起的。

女警從保險櫃裡取出我的錢包，用一個木製的托盤放到我的面前，托盤上還墊了一塊黑色的絨布，像是為了防止我的錢包被劃破。

錢包裡的二萬日元現金，是另外用密封的塑料袋保管的。

我領回了錢包，裡面的卡和現金都沒少。我說了不少感激的話，問女警：「有沒有撿到錢包的人的信息？」她說：「有，她希望你能夠跟她聯繫。」

說完，她遞給我一張打印好的紙，上面寫着撿到錢包的人的姓名、地址與電話。

這是一位女性，名叫石川，是埼玉縣一家百貨公司的職員。

我打過電話去致謝，她說話很親切，說：「沒有丟失，實在是太好了！」聽聲音，應該是一位中年女性。她告訴我，錢包是在我那天做演講的日本科學技術振興機構的一樓沙發上發現的，因為沒有看到大樓管理人員，所以直接就送到警察署了。

我對她說，我想謝謝她，不知是現金好，還是禮物好？她回答說：「甚麼都可以。」

我問女警：「我該給她多少謝禮？」女警說：「一般是現金或等價商品的百分之五到百分之二十。」

我回到辦公室，寫了一封感謝信，並夾了一萬日元和一張名片。秘書看了我一眼，說：「你是準備與她交往嗎？」

名片最後沒夾。

我突然感悟到日本文化中的那種微妙的距離感……

日本是如何處理疫苗問題的

疫苗造假問題，成了二〇一八年中國社會的一大熱點問題。獨生子女家庭的孩子，如果因為注射疫苗而導致殘疾、癡呆甚至死亡，對於整個家族來說，會有一種絕望的感覺。我們無法想像疫苗製造企業經營者是如何昧着良心做出這種傷天害理的事情。

那麼，日本在過去有沒有出現過類似的疫苗問題？他們又是怎麼處理的呢？

我查閱了大量的資料，發現從二十世紀八十年代開始，日本也出現過類似的疫苗問題，並造成了嚴重的後遺症。

二十世紀九十年代初，日本爆發了一起乙肝疫苗事件。一些注射了疫苗的人，不僅沒有得到預防，反而染上了肝炎病毒。

為甚麼會出現這樣的問題呢？第三方機構對此進行了調查，發現製造這些疫苗的企業主要是一家名叫「綠十字製藥」的公司。這家公司使用未經過加熱等方式進行滅活處理的凝血因子製劑，導致部分疫苗接種者感染了肝炎病毒。

後來還發現有一家叫作「化學及血清療法研究所」（簡稱「化血研」）的機構，所生產的疫苗佔日本流感疫苗市場份額的三成。

調查委員會發現，化血研公司早在一九七四年起就開始違法製藥，包括加入肝素做抗凝血劑，或是為了效率省略部分工序等，至少有三十一項生產程序未經政府審批。調查報告指出，化血研公司這些行為在二十世紀八十年代末到九十年代初最猖獗；而包括現任董事在內的高層知情卻袖手旁觀。

調查報告還指出，化血研公司為了掩蓋違法製藥行為，於一九九五年開始偽造記錄，還用紫外線照射紙張，令文件看起來更陳舊，以偽裝成過去的公司記錄文件。

這家製藥公司生產的疫苗，不僅讓部分注射疫苗的人感染了乙肝病毒，有的還感染了艾滋病毒。

為甚麼會出現雙重感染的問題呢？因為製作疫苗所需要採集的血清製品，日本國內不夠，需要化血研公司大量從海外進口。而海外的捐血人員中，有艾滋病病毒攜帶者和乙肝攜帶者。用這些人的血液製成的乙肝疫苗，就這樣被用在了日本人身上，直接結果是造成一大批注射了乙肝疫苗的人患病。

最初發現這些問題疫苗的是東京大學附屬醫院，這是日本國立的醫學權威機構，在發現問題之後，居然沒有立刻提出異議並向政府報告。而且在這個疫苗製成到事發的兩年多時間內，日本政府的厚生省也沒有進行有效的監管。甚至政府官員和製藥公司聯合起來力圖掩蓋真相，導致更多接種者成為無辜的犧牲品。

理論上來說，決定新藥與疫苗生死的權利在厚生省的官僚以及大學和大學的附屬醫院人員手中。厚生省在審批新藥和疫苗時，一般都會聽取國立醫療研究所以及國立大學附屬醫院研究所的報告，之後才會對新藥和疫苗發生產或臨床使用許可證。但是製藥公司很會來事，設置了不少專門跑各個大學醫學部或國立醫院研究所的「外交員」，定期向他們提供各種便利與好處。比如研究室的研究費用，醫院的工程款等；甚至大學的醫學部畢業生的分配也會盡力幫忙。厚生省的一些官僚，在退休之後也跑到製藥公司去當董事或顧問，這樣就產生了一個官民結合的利益鏈。

面對這麼一個掩蓋疫苗問題真相的利益鏈，日本的患者是如何抗爭的呢？他們選擇起訴。不僅起訴製藥企業，而且起訴注射疫苗的醫院，還有肩負監管責任的政府。

從一九九二年開始，幾千名艾滋病患者和乙肝患者聯合起來，在東京、福岡、大阪等地法院提起集體訴訟，整個事件引起了全社會的廣泛關注。

但是，日本政府一直推卸自己的責任，並對一審法院的賠償判決提出了抗訴。政府的這一行為激起了民眾更大的憤慨，一些受害者不斷到首相官邸和國會前抗議；日本主流媒體也公開批評政府的無情無理。

一九九六年，當時的日本厚生大臣力排眾議，第一次承認了國家在這次疫苗事件中負有責任，並且舉行記者會，宣佈政府放棄對日本法院要求國家予以賠償的抗訴。

政府的這個行為也成為新一輪日本醫療領域打假掃黑的開始。原東京大學副校長、東京大學附屬醫院院長安部被起訴，原日本厚生省管理疫苗官員松村被逮捕起訴，原綠十字製藥公司董事長、原臟器製藥公司董事長等都被逮捕起訴，受到應有的懲罰。

這是日本政府第一次承認在疫苗監管問題上的過失。然而，這僅僅是一個漫長訴訟的開始。

二〇〇二年，大阪地方法院開庭審理一起涉及一點七億日元損失的醫療糾紛。三名原告稱，他們在生病住院期間因使用醫院有問題的血液製品而被感染乙肝。

事實上，很多感染乙肝的患者都是在多年後才知道，感染背後的原因可能是源於早年注射的乙肝疫苗。

而這個影響不只是一代人。來自九州地區的谷口三枝子在得知自己患有乙肝後，在醫生的建議下，帶着一雙兒女去醫院做了檢查，結果發現兩個孩子都是乙肝攜帶者。

兒子乙肝發病後，曾對母親說：「都是因為媽媽，我才得了乙肝。」

谷口哭着對孩子說：「媽媽對不起你。」

二〇〇六年，日本各大電視台播出一條新聞：十七年前，北海道五名乙肝感染者將厚生省告上了法庭，他們認為自己的乙肝是小時候接種疫苗時感染的。

谷口終於找到了生活的勇氣。

一九八九年的這起北海道乙肝訴訟案經歷了三次判決。一審原告全部敗訴；二審三人勝訴二人敗訴。勝訴者沒有去厚生省領取賠款，而是陪着敗訴者一起上訴。

這場歷時十七年的漫長訴訟，終於在二〇〇六年終審獲得了全部勝訴，獲賠二千七百五十萬日元（約一百六十一萬元人民幣）。

到二〇〇七年十一月為止，陸續有將近一千名乙肝疫苗感染艾滋病的患者聯合起來提起公訴。日本政府扛不住了，當時擔任日本首相的福田康夫在首相官邸，代表政府向受害者及其家屬正式道歉。

在訴訟中，有一位名叫福田依里子的女孩子，她是在剛出生不久接種乙肝疫苗後得了乙肝，直到二十歲才知道感染的真相。知道真相後，她立志要揭露醫療黑幕，成為了九州地區乙肝疫苗公訴代表。隨後她還當選為眾議院議員，與肝炎受害者聯合向厚生省和藥廠提起賠償訴訟，帶頭推動制定《藥害肝炎救濟特別法》。最終，乙肝疫苗的原告人數達到了四十萬人。

二〇一一年一月，迫於壓力，厚生省對四十萬名原告進行賠償，根據病情輕重就補償金額達成一致：死亡、肝癌、重度肝硬化者得到賠償三千六百萬日元（約二百一十一萬元人民幣），輕度肝硬化者得到賠償二千五百萬日元（約一百四十七萬元人民幣），慢性肝炎者得到賠償一千二百五十萬日元（約七十三萬元人民幣），乙肝病毒攜帶者得到賠償五十萬日元（約三萬元人民幣）；乙肝病毒攜帶者日後做檢查產生的醫療費和交通費由國家負擔。

這起乙肝疫苗訴訟案，日本最高法院判決日本政府共賠償三萬二千億日元（約合一千八百八十二億元人民幣），成為日本歷史上涉及人數最多、金額最高的國家賠償案，從而也迎來了日本疫苗管理新法律的出台。

當時的日本首相菅直人，把乙肝訴訟案的原告代表們請到首相官邸，低頭賠禮道歉。

而作為日本血液製劑與醫療壟斷巨頭的化學及血清療法研究所，被勒令停業一百一十天。雖然開出了史上最長時間的停業命令，但與受害者所受到的傷害相比，這樣的處罰平息不了民眾的憤怒，也挽回不了老百姓的信任。

正當人們以為一切終於畫上了句號時，另一起疫苗案又拉開了序幕。

二〇一六年七月，六十三名接種了宮頸癌疫苗的女性被害者成立了「全國宮頸癌疫苗被害者聯絡會」，向東京、名古屋、大阪、福岡等多地地方法院提起賠償訴訟。

為甚麼會出現這一問題？原來在二〇一三年，日本政府對小學六年級到高中一年級的二百六十一萬女孩進行免費宮頸癌疫苗接種，兩個月之內嚴重副作用的報告激增，出現不良反應的人數有二千五百八十四人。提起訴訟的六十三名原告平均年齡只有十八歲，她們都是在打過一至三次疫苗後出現的不良反應，包括頭疼、記憶障礙、四肢不受控制、月經異常等多種症狀，嚴重者最後無法行走，只能靠輪椅才能行動，疫苗的接種造成多名少女殘疾。

厚生省雖然暫停了推廣宮頸癌疫苗的接種，但是認為疫苗與副作用的因果關係不明確，目前正在委託專家委員會進行調查。因此，這一新的疫苗訴訟仍在進行中。

在日本，發生任何一起重大疫苗事件，都會有處罰企業、逮捕經營者、追究政府監管官員的法律責任，最後由政府承擔最終責任的過程。而在這一過程中，起決定性作用的，是公民的意志和公正的法律。同時我們也看到，每一次事件之後，都會有一項舊的法律法規被重新修改或者新的法律誕生。國民與政府最終合力解決疫苗問題帶來的後遺症，並因此推動社會的進步，這是一個成熟社會的標誌，這一點也很值得我們中國學習與參考。

日本人憑甚麼比中國人多活八年

日本人有一個特點——長壽。聯合國衛生組織的統計數據顯示，日本人現在的平均壽命是八十四歲，其中男性約八十一歲，女性約八十七歲。而且，目前日本已經進入四位男性當中有一人、二位女性當中有一人能活到九十歲的時代。日本是世界上最長壽的國家；而我們中國人的平均壽命雖然逐年增長，目前還只有七十六歲。

日本社會最近有一個話題，就是「人到底能夠活到多少歲？」醫學專家們估計，到二〇四五年，也就是再過二十七年，日本女性的平均壽命將達到九十五歲，男性也將達到九十歲，而現在出生的「一〇後」的孩子，將有可能迎來百歲人生的輝煌時代。

日本人憑甚麼可以比我們中國人多活八年呢？

我覺得有這麼幾個重要的因素：

第一，日本是一個島國，十分重視環境保護，空氣十分乾淨。在東京這樣一個國際大都市，大氣中 PM2.5 的數值很少超過三十微克每立方米，晚上都能夠看到天空中的星星。

第二，日本四季分明，春天看櫻花，夏天看大海，秋天看楓葉，冬天看雪景。這種四季的鮮明變化，有助於人的新陳代謝。

第三，日本飲食清淡，每天攝入的鹽量不到中國人的一半。

第四，日本人很少吃保健品，但很喜歡吃生菜和魚，特別是深海魚類。深海魚類不僅可以降低膽固醇，還可以減少心血管疾病達百分之五十二以上。

第五，日本人講究衛生，不管在東京這種大城市還是在鄉村小鎮，街道永遠是乾乾淨淨的。

第六，日本很講究食品安全，牛奶的保質期只有一個星期，而且必須放在十度以下的冰箱中保存。在日本買不到可以常溫保存的牛奶，因為常溫保存的牛奶必然會加入許多添加劑。

第七，日本社會寧靜，沒有各種喧囂和嘈雜。因為噪音污染會導致血壓升高，甚至直接對心血管造成損害。

第八，作為汽車大國的日本，人們卻很少開車，喜歡乘坐地鐵、輕軌等公共交通工具出行。很多日本人也會選擇自行車作為自己的日常交通工具，既是鍛煉也是放鬆。

第九，日本政府制定法律，對國民身材苗條提出明確要求。要求男性腰圍不要超過八十五厘米、女性腰圍不要超過九十厘米，如果超過的話，血糖、血壓、血脂其中有一項不合格，就要在三個月內自行減肥，並將減肥納入醫保範圍。

第十，我覺得也是最為關鍵的一點，就是全體國民的定期體檢。

前幾天，我收到一條東京都港區政府發來的手機短信，通知我盡快去醫院做一年一度的定期體檢。因為區政府發給我體檢表和體檢通知已經過去一個多月，還沒有我去做體檢的記錄。

同時，我還收到東京商工會議所寄來的一個大信封，裡面是前列腺癌、肺癌和胃癌專項檢查通知。因為我們亞洲通訊社是東京商工會議所的會員，一年交相當於二千五百元人民幣的會費。

無論是東京都港區發給我的催促通知，還是東京商工會議所發給我的專項檢查通知，都告訴我一句話：體檢是免費的。

為甚麼我的體檢是免費的？因為我加入了國民醫保，同時我們公司也給東京商工會議所交了會費。

日本政府規定，每位國民每年必須參加一次體檢；同時，男性和女性的體檢內容，除了共性部分的檢查項目外，還有性別因素的專項檢查。此外，根據年齡的不同，還會增加新的檢查內容。比如，男性過了四十五歲就必須參加前列腺癌的檢查，而女性過了四十歲則必須參加乳腺癌的檢查。

我沒有參加港區政府和東京商工會議所通知的檢查，因為這些檢查都是基本體檢。日本還有一種體檢，叫「人間ドック」，翻譯成中文，就是「精密體檢」。

日本的基本體檢，也是從抽血、檢查糞便和尿液、胸透、腹腔檢查開始，常規內容都有。但是人到中年，綜合體質出現下降，我更傾向於做精密檢查，這樣可以知道自己的身體到底處於甚麼樣的狀態，需要注意甚麼問題。這樣的精密檢查，我一年做一次，但是它不列入醫保範圍，需要自己掏腰包，一般的檢查費用在十萬日元左右（約六千元人民幣）。

做精密體檢，必須提前預約，一般需要提前一個月。

能夠做精密體檢的醫院，在東京到處都有。按照我們中國人的概念，三甲醫院都有精密體檢部，有些二甲醫院也有。當然，日本的醫院沒有一級、二級、三級之分，只有國立、公立、私立之分。你信任哪家，就去哪家。有些醫院看上去不大，但是它在某個領域卻是權威。比如腦部精密檢查，並不是所有大醫院的強項，東京做得頂尖的也就四五家。所以，東京的精密體檢，有百貨公司類型的，也有專賣店類型的，可根據自己的身體狀況做出選擇。

我選擇的體檢醫院是東京有明醫院，這家醫院是日本最有名的腫瘤治療專門醫院，早在一百年前這家醫院就開始了癌症治療。

體檢是一個月之前就預約好的。在體檢前一週，我收到了醫院寄來的一份快遞，裡面包含了問診表、檢查説明、糞便尿液採集器、咳痰容器等一整套體檢材料。糞便尿液採集方法有詳細的圖文説明，即使你不懂日文，也能夠看懂。

糞便尿液和痰必須採集三天，然後還要填寫厚厚幾頁的「問診表」。這裡面有對體檢者身體狀況、病史、家族病史、服藥情況等上百條的詢問，還包括吃不吃早餐、一週喝幾次酒、每次的酒量是多少，運動出不出汗等，把細節問到了極致。好在詢問都是對「是」和「不是」進行打勾，老年人都可以獨立完成。這份表格會在醫院存檔，以方便今後對體檢者的持續跟蹤。

日本的體檢比較溫馨。首先是體檢區的環境，設計得跟賓館一樣，不會讓你感覺是到了醫院。在各個檢查室邊上，有眾多的沙發和椅子，還有各種雜誌可以看。醫生和護士們都會衝你微笑，説話聲音很輕柔，氛圍很輕鬆，尤其是像我懂日語，還能跟醫生護士開幾句玩笑。

二〇一八年的體檢，我是第一次做胃鏡。預先在填寫問診表時，就有一項內容，就是問你在做胃鏡前，是希望使用鎮靜劑還是不希望使用鎮靜劑。我不清楚用與不用到底有甚麼區別，於是在體檢前護士一一與我確認檢查內容時，問她使用鎮靜劑有甚麼好處。她告訴我，鎮靜劑其實就是短效麻藥，讓人在短時間，也就是在做胃鏡時失去知覺，以減少胃鏡對人體器官的刺激所帶來的痛苦。我問她：「失去知覺的時間大概是多長？」她說：「大約三十分鐘。」我想充當一次英雄好漢，知道一下做胃鏡到底有多難受，所以沒有選擇注射鎮靜劑。

輪到我做胃鏡時，醫生又問了我一次：「要不要注射鎮靜劑？」我說：「沒關係，我想試一試。」那位女醫生說：「其實並不十分難受，稍微忍耐一下，就可以過去。十個人中，大概有三個人選擇不使用鎮靜劑。」

給我做胃鏡檢查的醫生就一個，另外還有兩名護士。醫生與一名護士操作胃鏡和觀看彩色的顯示屏，另外一位護士充當「老媽媽」的角色，不斷地輕揉我的背和肩膀，安慰我說：「再一下下就好，稍微再忍耐一下。」

做胃鏡檢查，最難受的是管子通過喉頭的時候，會有一種本能的嘔吐感。進入胃部之後，竟然沒有甚麼感覺了。我盯着顯示屏，也是第一次看到自己身體器官的內部情況，倒有一種新鮮感。

整個檢查大概五六分鐘的時間，醫生說：「很健康，沒有甚麼問題。」離開時，護士一個勁地鞠躬，說：「您辛苦了」。

我在中國做過一次B超，剛好是冬天，做B超檢查使用的啫喱是冰冷的，抹在肚皮上特別的不舒服。但是這次在有明醫院做檢查，啫喱竟然是溫熱的，塗在身體上完全沒有任何不舒服的感覺。醫生對腹部的每一個臟器進行檢查，屏氣、呼氣、放鬆，反覆檢查了十幾分鐘。檢查完之後，護士不是用餐巾紙，而是先用溫熱的濕毛巾幫我擦乾淨身上的啫喱，再用乾毛巾幫我擦一遍。

我跟有明醫院體檢中心的田中部長挺熟，體檢完後，他過來看我。他說：「從目前的檢查結果來看，你身體沒有甚麼大問題，但是腰圍和體重超標。體重必須減去五公斤，腰圍減去七厘米。」

我說，從明天開始減肥。

在有明醫院做體檢有一個好處，那就是如果在檢查過程中發現息肉之類的東西，一般就可以幫你直接拿掉。同時，如果發現有癌細胞的話，就直接住院做手術，比較安心。

體檢結束後，一位醫生跟我談了二十多分鐘。除了血液、糞便、尿液檢查還需要一些時間，只能日後郵寄告知之外，其他的檢查結果都一一跟我解釋，並指出我平時飲食與生活習慣的問題，最後也是一句話：「減肥，減去五公斤。」

體檢的最大好處是能夠了解自己的身體狀況，及時發現問題。所以，日本這個國家不流行吃補藥，人蔘和冬蟲夏草在日本是買不到的。而且也不注重「食補」，在中國流行的煲湯、藥膳，在日本是看不到的。日本的國民只是注重於吃新鮮的魚、新鮮的蔬菜，喝新鮮的牛奶，再加上全民體檢，就足以保證國民的健康長壽。

其實對於日本政府來說，全民體檢並不僅僅是為了每一位國民的健康，同時也是為了節約政府的醫療費支出。國民一旦進入中老年之後，身體變得越來越差，那麼政府的醫療負擔也會越來越重。因為日本的國民醫療保險，政府要承擔百分之七十，並且包括癌症治療。不會出現進口藥或者高級藥不列入醫保範圍，需要病人自掏腰包的事情。所以，早體檢、早發現、早管控，也有利於政府減輕負擔，真是一舉兩得。

大家每年一定要做一次體檢，不要諱疾忌醫。財富對於一個人固然重要，但是最重要的是健康和生命！

日本為何要將退休年齡延長到七十歲

交納社保基金的人越來越少，領取社保基金的人越來越多；日本整個國家的社保體系正在崩潰的邊緣。

如何解決這個問題？日本政府最近動了一個腦筋，就是將企業員工和機關幹部的實際退休年齡延長到七十歲。這樣能夠保證相當一部分老人在領不到政府養老金的情況之下，還能夠通過自己的勞動來維持正常的生活。

這一想法看起來有些殘酷，但是，也是沒有辦法的辦法。

我們來看一組數據，就可以知道日本的「老齡化」問題有多嚴重。日本全國總人口是一點二七億人，根據二〇一七年的統計數字，六十五歲以上的老年人已經佔到全國總人口的百分之二十七，其中七十五歲以上的老年人已接近百分之十四。而國際上通常將六十五歲以上老年人佔總人口數百分之七作為老齡社會的標誌。日本其實已經進入了「老老齡化時代」。

對於日本政府來說，高興的是，國民健康長壽，年年獲得「世界最長壽國家」的稱號，男性平均年齡八十一歲，女性八十七歲。發愁的是，領取養老金的年數越來越長，社保基金年年虧損。

日本副總理麻生太郎說過一句令日本老人們極不愉快的話，他說：「日本老年人活得越久，政府醫保負擔就越重。」結果這句話被在野黨議員抓住把柄備受指責，麻生最後不得不做出道歉。

事實上，由於醫療保障制度的完善和日本環境、食品的安全保障，日本的長壽化進程不斷推進。據日本厚生勞動省統計，目前，女性每四人中就有一人能活到九十五歲，男性中每四人中有一位能活到九十歲。隨着醫療技術的發展，健康的人口不斷增加，享受生活的人也不斷增多，活到一百歲已不再稀奇。

再看一組數據：一九六三年時，日本百歲以上的只有一百五十三人；而在二〇一七年，已經增加到約六點八萬人，最長壽的人已經有一百一十七歲。日本國立社會保障與人口問題研究所測算，到二〇五〇年，日本百歲人口將超過五十萬人。而在二〇一四年出生的人口，將有一半會活到一百零九歲。這意味着，日本已經開始了「百歲時代」。

國民健康長壽本來是一件很值得歡天喜地的事情，但是日本政府開始頭疼了。

因為在二十世紀六十年代制定養老金制度時，國民長壽年齡是以平均七十五歲設計的，而現在平均年齡已經八十四歲，比原先設計的多出了九歲。如果再過幾十年，平均年齡跨入一百歲的話，那麼活着的老人要比原先政府設計的死亡年齡多二十五年，也就意味着他們要多領二十五年的養老金。日本政府開始扛不住了！

在日本，每年九月的第三個星期一，是日本的敬老日。從一九六三年開始，日本政府會在當天為滿百歲的老人準備銀杯、銀盤等禮物以表敬賀。最初政府只要準備一百五十三份，但如今，這個數字已經超過六點八萬人，再這樣增加下去，政府將不得不取消送銀杯、銀盤的慶賀制度，只怕是送不起了。

二〇一七年，日本新生嬰兒的出生人口已經跌破一百萬人，而六十五歲以上的老人，已經有四千萬人。到二〇五〇年，日本的勞動力人口預計將從一九五五年巔峰期的八千七百萬人減少到五千五百萬人左右。這意味着，今後繳納養老金的人越來越少，而領取養老金的人會越來越多，社保基金的窟窿只會越來越大，不會變小。

我們來看看，日本政府目前用於社會保障的支出，每年花了多少錢？

根據二〇一八年度國家財政預算執行計劃顯示，全年度國家預算總額為九十五萬億日元（約五十七億元人民幣），但是用於養老和醫保等領域的支出，已經佔到了國家預算總額的三分之一，達到了三十二萬億日元。這就意味着，國家三分之一的錢用於國民的養老和治病等民生領域。

剛才我已經提到，日本政府在二十世紀六十年代制定養老金制度時，日本人的人均壽命只有六十五歲。所以，日本政府樂觀估計，將來日本人平均壽命能夠達到七十五歲，那已經是萬事大吉了。於是就將養老金的最終領取年齡，設計為七十五歲。

根據這一設計，日本人在六十歲退休後，即可以領取養老金。但是以目前的狀況來看，政府的社保基金已經難以支撐六十歲領取養老金的制度。所以從二〇一八年開始，領取養老金從六十歲開始推遲到六十二歲開始。而日本的養老基金機構估算，到二〇三〇年，領取養老金的年齡要延長到六十七歲。

那麼問題來了，六十歲退休之後到六十七歲開始領取養老金，這七年的時間裡，日本老年人靠甚麼活下去？

過去人們常說，日本最富裕的是銀髮階層。因為一名企業員工或者機關幹部，在六十歲退休之後，可以從企業和機關領取一份數目可觀的退職金。根據企業的經濟狀況和本人在企業的工作年數、職務等，一般都有一千五百至二千五百萬日元（約九十至一百五十萬元人民幣）。但是中小企業有的只有幾百萬日元，甚至沒有。如果按照老夫妻一個月二十五萬日元的生活費支出標準，有一千五百至二千五百萬日元的退職金，能夠支撐五至八年的家庭開支。

退休人員除了這筆退職金之外，每個月還可以領取二十萬日元左右的政府養老金。所以，退職金和養老金加起來，老夫妻的日子還比較好過。但是，如果今後的養老金要從六十七歲開始領取的話，那麼用這筆退職金填補這六七年的收入空白，可能還不夠。

怎麼辦？日本政府早在二〇一三年就動了一個腦筋，那就是將實際退休年齡延長五歲。

這一年，根據日本政府的提議，日本國會通過的《高年齡者雇用安定法》，要求企業原則上將員工雇用到六十五歲，並作為企業的一種義務規定下來。

這部法律規定，日本政府機關和企業員工，原則上六十歲退休。但是國家建議將六十至六十五歲之間作為「繼續雇用年齡」，要求企業繼續雇用這些超過退休年齡的員工。這就意味着，政府的社保負擔開始要求企業一起來承擔。

針對政府的這一要求，日本各大企業還是拿出積極合作的態度，開始改革人事制度，規定到了六十歲退休年齡的員工，如果本人願意繼續留下工作，那麼除了不能擔任領導與管理工作之外，工資待遇為原工資的百分之七十左右。

但是這一法律實施了僅僅五年，日本政府就發現不對勁了。因為延長五年還是解決不了問題。二〇一八年九月三日，日本首相安倍晉三在接受《日本經濟新聞》採訪時透露，政府正在考慮將實際的退休年齡從目前的六十五歲提高到七十歲。他說，政府會採取發放雇用補貼和減稅等政策，積極鼓勵企業將雇用年齡提高到七十歲，以保證老年人的收入不受養老金制度改革的影響。

那麼，一旦政府修改法律，將雇用年齡延長到七十歲，將養老金開始領取的時間改為六十七歲，也就成為了必然。

日本政府還在動一個腦筋，就是將消費稅從目前的百分之八提高到百分之十，將增加的百分之二消費稅填補到社保基金中去。但是，日本國民對於提高消費稅的做法，抵觸情緒很大。前幾年將消費稅從百分之五提高到百分之八，使得日本整個消費市場低迷了四年，至今還緩不過來。

日本老年醫學會最近有一個建議，將年齡結構進行一次調整，規定二十至五十歲為「青年」，五十一至七十四歲為「中年」，七十五歲以上為「老年」。因此，七十五歲以下的人都可以參加工作。

日本出租車行業協會最近也有表態，說日本老年人到了七十五歲還精力充沛，思維敏捷，因此建議各出租車公司將司機的雇用年齡延長到七十五歲，同時允許私人出租車司機可以開到八十五歲。

說到底，政府管不了老年人的晚年生活，老年人只能靠自救。

日本社會學家野尻先生出了一個餿主意，他說：假設退休後夫婦兩人一起生活到九十五歲，即使生活費比退休前下降了三成，除養老金以外仍需要約六千萬日元（約合三百五十萬元人民幣）來維持生活。為了控制生活費的支出，建議老年人離開東京、大阪、橫濱等大都市，搬到地方城市去生活。老人們到地方城市生活之後，如果從事些輕鬆的農活等工作的話，一個月的收入也可達到二十萬日元左右，而且地方城市房租和物價都便宜，很適合養老。

日本NHK電視台拍過一部紀錄片，叫《老後破產》。這部紀錄片講述了六十九歲的河口先生的晚年生活。河口先生年輕時是一位年收入一度超過一千萬日元的精英中產，最後也淪為老後破產大軍的一員。在這支大軍中，年輕時開着居酒屋、寵物店，自己當老闆，遙想「金錢自由」而老後破產的人，更是數不勝數。

年輕時經濟向好、年年漲薪，以為生活總會越來越好，因而購車買房、投資生意，沒有多少固定存款，結果因為經濟下行而投資失敗、生意破產，到了晚年入不敷出。

「我認為自己一直都是認認真真地工作，可萬萬沒想到，會成為今天的樣子啊。」這是大多數日本中產變成破產人士的感歎。

問題還在於，當自己年老破產時，還需要贍養八九十歲仍舊健在的父母，資助因經濟影響失業在家的子女，真可謂苦不堪言。

雖然日本擁有相對健全的福利保障體系，破產老人只要向政府申請就能夠得到生活救濟，不至於餓死和病死，但是隨着社會老齡化程度的加深、勞動人口減少，國家用於養老的資金池本身就在日漸萎縮，更無力雇用更多的人員去幫助日益長壽的老人。這才是日本社會的真正危機。

日本社會的「十五分鐘原則」

大家有沒有注意到二〇一八年上半年的一條日本新聞：連接東京市中心與北郊茨城縣築波科學城的築波快線列車，原定於上午九點四十四分四十秒發車，由於操作員的失誤，列車沒有按照原定時間準時出發，而是提前了二十秒駛離了車站。雖然沒有乘客落下，也沒有人發現提前「二十秒鐘」，但是，鐵路公司還是鄭重其事地在網站上發佈了一份道歉聲明。

這份道歉信，在日本網絡上並沒有引起太大的反響。因為很多日本人認為嚴格遵守時間、承認錯誤是日本的傳統美德，鐵路公司的做法沒有甚麼可大驚小怪的。但是這一道歉聲明，引起了海外媒體的關注，像英國的 **BBC**、美國的《紐約時報》、俄羅斯的衛星網，還有中國的網絡媒體，紛紛予以轉發報道。尤其是列車經常晚點的歐美國家，網友們甚至將這份道歉信轉給當地的鐵路公司以表示自己的不滿。

日本鐵路公司為甚麼會如此重視這「二十秒鐘」？因為「準點」一直是日本鐵路公司的追求，不僅要求準點到達，還要求必須是準點出發。一是為了避免出現鐵路交通事故；二是為了避免因為不準點打亂整個公司列車的運營計劃；三是為了避免耽誤乘客的出行；四是為了體現鐵路公司嚴謹安全的管理理念。

日本社會為甚麼在時間問題上會表現出如此的苛刻？

在日本，朋友之間約一個飯局一般是提前一個月，最少也得提前一個星期。如果提前一天或者當天約飯局，日本人的第一反應是：「你遇到了甚麼難處？」第二反應是：「太失禮了。」日語中有一個單詞，其實是漢字，叫「約束」。雖然是漢字，但是意思與現代漢語的「約束」有一定的差異，日文中的「約束」翻譯成中文，應該是「約定」。

在日本，約定的事是不能隨意更改的，除非遇到家人生病、地震颱風或者自己中暑倒下。為甚麼不能更改？因為對方為了與你的約定，可能已經推掉了其他的安排，或者已經預定了飯店，心理上已經做好了與你相聚的準備，甚至已經為你買好了禮物。所以，能否如約，便成了一個人的信用問題。在日本社會，一旦失去信用，那麼朋友之間的關係就會疏遠，而公司之間的生意關係也會因此受影響。

也許有讀者朋友說，我可以跟對方說，我們單位突然開會、領導突然找我談話、公司突然通知我出差。這些理由在日本是很難成立的，因為公司要開會，一般也都是一個星期前定下來的，除非公司遇到了很大的危機需要你處理。出差也不可能不提前幾天告訴你。所以，當天要取消飯局，在日本是一件很困難的事。即使提前幾天要取消，也要千萬個道歉。

我遇到一件令我感動的事情。我的朋友森山博之，是日本最大的精細化工企業之一的旭化成公司前駐北京總代表。他應我的邀請參加了八月下旬在東京舉行的紀念周恩來總理誕辰一百二十周年的大會。會議結束後晚餐，沒有找到他。看手機，才發現他給我留了一個短信，說接到夫人的電話，女兒在醫院裡馬上要生孩子了，叫他趕緊趕過去。等他匆匆趕到醫院不久，女兒生下了一個男孩，他高興地又給我發了一條留言，說：「我做外公了。」

紀念周恩來總理誕辰一百二十周年大會的參加者有三百多人，不缺他一個。但是森山先生認為，既然已經答應要出席，那麼，即使女兒進了醫院，他也要履行自己的諾言，趕來參加大會。

這說明甚麼？說明「守時守約定＝信用」，這在日本社會是一條鐵的法則。

日本社會還有一個法則，那就是「十五分鐘原則」。就是你去別的公司拜訪客戶、去會見朋友、去拜見政治家或名人，像我們記者要去做專訪，都必須提前十五分鐘抵達對方公司或者約定的場所，然後根據約定的時間準時敲響對方的門。

比如，我要去拜訪一家公司的社長，約定的時間是上午十點鐘，那麼我就要在上午九時四十五分趕到這家公司的附近，或者進入這家公司的一樓大廳。在九時五十五分時，通知前台或者打電話給對方的秘書，告訴對方我已經到了，隨時可以上樓拜訪。

不要小看這十五分鐘，在這十五分鐘裡，你可以靜靜地準備自己要談的內容，整理一下自己的思路與心情。最為關鍵的是，你能夠保證自己不遲到，讓對方公司覺得你是一位守時、靠譜、有信用的人。也許這十五分鐘就可以讓你與對方建立起一種信用，談成一筆生意，成為貿易伙伴。

如果是跟朋友約定在哪裡見面，你算好時間準時趕到，在日本社會還有一條法則，就是「準點等於遲到」。為甚麼有這條法則呢？因為你雖然是準點趕到，覺得自己並沒有遲到，但是你的朋友或許已經等了你十分鐘甚至半小時，事實上你已經做了一件很失禮的事情。

那麼，萬一發現自己要遲到的話，該怎麼辦？日本社會的常規，是至少三十分鐘之前通知對方，並明確告訴對方大概要遲到多長時間。

日本人一般都會說「沒關係，沒關係」，但心裡還是有關係的，因為你給別人添了麻煩。

在通知對方自己要遲到時，一般不要解釋遲到的理由，比如堵車了、開會晚了。在東京，沒有人會自己開車去赴約，而且東京一般也不會堵車，大多數人是坐地鐵、輕軌，都算得準時間。遲到就是遲到，向對方道歉，讓對方有一個思想準備，可以利用等你的時間來做其他的事情。

日本社會不僅是個人守時，企業也努力守時。世界航空數據公司OAG發佈了《二〇一八年準點率綜合報告》（*The OAG Punctuality League 2018*）。這份報告匯總了二〇一七年全年近五千七百萬條航班數據，評估了全球最大的航空公司和機場的準點率情況。結果顯示，日本航空公司、東京羽田機場和大阪機場的準點率分別榮登超大型航空公司、超大型機場和大中型機場類別的全球第一。

日本航空公司是日本最大的航空企業，服務全球二百二十九條航線，同時也是世界第三大航空公司，日本航空的準點率是多少呢？高達百分之九十八點二八，到達平均延誤時間僅為三分鐘。全球準點率第二名，也是日本的航空公司，叫全日空，全日空的準點率是百分之九十七點零三。而中國四大航空公司中，表現最好的是海南航空公司，其準點率為百分之六十五，可見二者之間的差距有多大。

我曾經採訪一家日本航空公司，問他們如何能夠保證這麼高的準點率？他們說了三個秘訣。

第一，專門航線要有專門的飛機，不能一架飛機一天時間裡跑幾個城市，換幾條線，搞疲勞戰術。這樣的話，哪一條線出了問題，都會影響到這架飛機後續執飛的航班。當然，這裡有一個前提，就是日本航空公司要有足夠的飛機儲備。對於日本航空公司來說，為了保證準點率，多買幾架飛機也在所不惜。

第二，乘客辦理登機牌和托運行李，是隨到隨辦，沒有規定「兩個小時之前才能辦理」，雖然這樣做，地面工作人員要隨時在櫃台上值班，比較辛苦，但是這樣就避免了集中辦理登機牌導致乘客登機延誤。

第三，飛機起飛前三十分鐘一定會開始辦理登機手續，並通過機場廣播，反覆催促乘客登機。最後，由地面工作人員拿航班指示牌，去外國遊客比較多的免稅店一一招呼，以保證乘客準時登機，客機準時起飛。

不僅是航空公司，日本的鐵路公司也是如此。也許在世界上的其他任何地方，一輛火車僅僅晚點九十秒鐘，都會被視為極為準時，但在日本卻並不適用。日本鐵路的準點率每年都保持在百分之九十七以上，鐵路服務人員通常會為短短的一分鐘的延誤反覆道歉。

日本人追求極致的時間觀念，很多人認為這與日本人的性格以及國民性有關。其實，日本人原本對時間的概念和意識也是比較寬容和淡薄的。明治時代初期，日本的火車和現在的歐美國家一樣，晚點三十分鐘也是常有的事情，上班遲到也是正常現象。

為了改變這種拖拉的情況，日本在明治時期，也就是中國的晚清時代，導入了西方的二十四小時時間制，並加強鐘錶的普及。在公共場所，諸如公園、店舖和大廈等醒目的地方設置時鐘以提示時間，日本人才開始有了明確的時間概念。明治之後的大正時期，日本政府規定每年的六月十日為「時間紀念日」，號召民眾加強守時意識。經過不斷努力，守時觀念逐漸滲透到日本國民心中。日本在學習西方科學管理方式的同時，將時間管理發揮到如此極致，也是歐美國家意想不到和豔羨不已的事情。

日本社會的時間觀念，給整個社會帶來了甚麼樣的變化？首先，日本人從守時中學會了守約和講信用；其次，培養了一種做人做事的認真作風；最後，提高了整個社會的管理效率。精確到幾時幾分的時刻表在日本是隨處可見的，列車運營公司按時發車到站，乘客按時等候、乘車，這樣就形成了一種良性的互動關係。乘客根據列車時刻表提前知曉發車時間，可以合理地安排自己的行程。長期處於如此精準和精細的社會裡，你不得不融入並適應其中，一旦脫離日本社會的規範，那麼會給生活帶來很多麻煩和混亂。

日本社會因為守時進入了一個守規則、講信用的時代，一個社會也因此進入了一個良性循環的狀態。

日本為何要打開移民之門

二〇一八年十月從中國訪問回來，安倍首相張羅着要修改一部法律——《出入國及難民管理法》。為甚麼要修改這部法律？因為安倍首相認為，日本的勞動力嚴重不足，需要引進外國人到日本工作，得創設新的名目的外國人居留簽證。於是，有許多人擔心，這樣一來的話，日本不就成為移民國家了嗎，大和民族的純真性是否會遭到破壞？

要國家的持續發展，還是要大和民族的純真性？成為日本社會目前爭論最熱烈的一大話題。而對於我們中國人來說，涉及一件大事，那就是普通的中國人是否也有可能到日本去工作，甚至可以長期定居拿綠卡辦移民？

日本少子老齡化問題日益嚴重。日本目前育齡女性的生育率只有千分之一點四。雖然這一數字比中國的千分之一點二還高，但是，日本政府已經明顯地感覺到嚴重的危機，根據日本國立社會保障和人口問題研究所的推算，到二〇四八年時，日本人口總數將從目前的一點二七億人減少至九千九百一十三萬人。到二〇六〇年時，人口更是將減少到八千六百七十四萬人，與日本現在的人口數相比，將減少三分之一。雖然這是幾十年以後的事情，但是因為日本各地區狀況不同，其實一部分地方城市已經開始出現嚴重的勞動力不足的問題。

十一月，我到東京北部的栃木縣日光市訪問。日光市是一座著名的溫泉旅遊城市，不僅溫泉多達二十餘種，而且山頂還有一個美麗的中禪寺湖，周邊楓葉紅得正是時候，漫山遍野的絢麗，是日本觀賞紅葉的四大名勝景區之一。日光市還有一處世界文化遺產——東照宮，埋葬着江戶時代叱咤風雲的大將軍德川家康。

我與日光市旅遊協會會長交談的時候，他告訴我，日光市雖然距離東京坐火車才兩個小時，但是因為人手不足，許多溫泉酒店找不到工作人員，還有千年歷史的溫泉旅館因為後繼無人，不得不宣告關閉。

為了解決人口減少、勞動力不足這一問題，日本政府這幾年不斷擴大輸入外國人技能研修生到水產加工廠、農莊、製造工廠、建築工地等處工作。但是，外國人研修生制度是以研修為名義的制度，外國人最多只能待五年，不僅拿不到工作簽證，而且所謂的工資也只是一些補助，還沒有正兒八經的社保，從事的又都是最艱苦的體力活，因此，聯合國人權組織批評日本的外國人研修制度是「現代奴隸制度」。

根據最新統計，到二〇一七年為止，在日本國內居住的外國人總數為三百九十一萬人，佔日本總人口的百分之三。而其中在日本工作的外國人為一百二十七萬人。中國人是日本最大的外國人種族，總人口達到七十三萬人，如果加上加入日本國籍的華人，

華僑華人的總數接近一百萬人。

外國人基本都集中在日本的大城市裡，其中東京二十三區高居榜首，其次分別為大阪市、橫濱市、名古屋市、神戶市、京都市等。除了三大都市圈以外，九州地區的福岡市、靜岡縣濱松市等地方城市，外國居民人數也很多。大阪市生野區的外國人佔比已經達到百分之二十一點四，也就是說五人中就有一人是外國人。以「多文化共生」為口號，積極引進外國人在當地工廠工作的群馬縣大泉町，外國人的比例也達到百分之十五點五八。

這麼多的外國人生活在日本各地，到底會給日本的經濟與社會帶來甚麼樣的影響？日本經濟新聞利用全國人口調查和勞動力調查的政府統計資料，對各行業和都道府縣對外國人的依存度進行了調查，結果顯示，二〇一七年，日本全國範圍內外國勞動者的佔比約為五十分之一，也就是五十個勞動者中有一位是外國人。而在廣島縣從事漁業生產的外國人，在二〇一五年達到五百七十三人，也就是每六個漁民中就有一人是外國人。

在農業領域，茨城縣對外國勞動者的依存度最高，達到每二十一人中有一名外國人的比例。茨城縣號稱東京的「菜籃子」，農業勞動力嚴重不足，現在有三千七百多名來自中國和印度尼西亞等國的研修生在種各種蔬菜。

現在東京很多飯店、二十四小時便利店，打工的百分之八十以上都是外國留學生。比如很有名的「王將餃子」連鎖店，百分之九十的員工都是留學生等臨時工。而法律規定，留學生一週的打工時間不得超過二十八小時，也就是一天最多只能打工四個小時，因此根本無法解決東京這樣的大都市的勞動力嚴重短缺的問題。

一方面，日本急需要大量的外國勞動者；另一方面，又必須摘掉「奴隸國家」的不光彩帽子，日本政府於是開始動腦筋，準備修改《出入境與難民管理法》，開放外國人到日本來工作。

二〇一八年七月，日本政府首次召開了「關於接納外國人才、共生的相關閣僚會議」，討論了創設新居留資格、擴大引進外國勞動者的法律與政策問題。新制度計劃把護理、農業、建築、住宿、造船五個領域首先向外國勞動者開放。隨後將逐步開放製造業、食品加工業和漁業等領域，最終開放接納外國勞動者的行業可能達到十四個。

日本政府在十一月二日正式向國會提出了《出入國與難民管理法修正案》。

這個修正案提出，日本政府將新設兩類簽證：

第一類是，特定技能一號簽證：包括建築、農業、護理、造船等十四個領域；

第二類是，特定技能二號簽證：以上十四個領域中的建築業、造船等四個業種。

這兩個特定簽證，就是為了引進外國勞動者而量身打造的。因為在日本要拿工作簽證，必須要有專門學校，也就是中專以上學歷。而這次新設立的兩個特定簽證，像建築工、護理、漁農業勞動人員等單純勞動者，中學畢業也可以到日本工作。而且不需要工作經驗，也不需要日語考試資格證書，具備一點簡單的日語會話能力就可以，工資福利待遇與日本人一樣。總之，條件要求很低。第一號簽證，可以簽五年。五年之後，達到一定條件者，比如你工作很努力，沒有犯罪記錄，或者能夠在日本考取一個國家資格證書，那麼就可以長期留在日本，還能把自己的愛人以及孩子帶到日本來一起生活，享受日本普通的國民福利待遇。

日本政府的這項新的吸引外國勞動者的制度，計劃在本屆國會中尋求通過，從二〇一九年四月起開始實施。第一年計劃引進四萬名持有這樣簽證的外國勞動者。到二〇二三年，日本將接收二十五萬名這樣的外國勞動者，包括飯店的洗碗工、酒店的清潔工。

日本政府的這項新的外國勞動力引進制度，也遭到了在野黨和日本民眾的批評與擔憂。日本法務省提供的數據顯示，二〇一八年上半年，已經有四千多名外國技能研修生成為非法居留的黑戶口。那麼，低學歷的外國勞動者大量湧入，不僅會使得日本社會的治安惡化，同時，也有可能拉低日本社會的文明的素質。更有日本人擔心，如果這些低學歷外國人與日本人結婚的話，長此以往，將會導致大和民族素養的降低。

當然，日本人的許多想法有其相當大的保守性和狹隘性，也將阻礙日本社會國際化的進程。但是，對於單一民族的日本來說，大量外國人的湧入，雖然能夠解決一部分勞動力不足的問題，自然也會伴隨因為生活習慣、價值觀不同導致的文化衝突。所以，在雞和雞蛋之間，該如何做出選擇，對於日本政府、日本社會來說，也是一種考驗，而這種考驗更多的是一種文化的憂慮。

在我們中國周邊國家中，距離我們最近、社會發達程度與文明程度最高的，是日本。而且日本四季分明，環境優美，收入又高，使用部分漢字，自然是移民的好去處。從上海飛日本福岡機場，只需要一個半小時的時間，比飛北京還近。但是，迄今為止，日本一直拒絕像美國、加拿大、澳大利亞那樣的投資移民。因此你再有錢，也無法通過投資的方式直接在日本拿到綠卡，獲得永久居留權。

那麼，日本政府此次修改法律，開放外國勞動者到日本就職工作，是不是開啟了移民國家之路？日本政府自然不會承認。但是，面前明擺的問題是，日本未來三十年中，缺少九百萬人的勞動力。雖然也可以考慮部分行業由機器人代替，但是，傳統的服務行業還是需要大量的人去工作。因此，大量引進外國勞動力成為日本政府無可奈何的選擇。這就使我們中國人，尤其是低學歷勞動者通過去日本工作，在幾年之後獲得日本的綠卡，達到一家人長期定居日本的目的，成為可能。

而中國的富裕階層自然不願意去日本充當一名勞動者，但是，又期望獲得綠卡，那最好的途徑是在日本投資開設一家公司，自己當老闆或者股東，通過拿幾年日本的「經營管理」簽證，或者「就職」簽證，在規規矩矩納稅之後，便可以獲得日本的永久居留權或者申請加入日本國籍。這個途徑，目前已經在實施，比較切實可行。

毫無疑問，日本政府對中國人的簽證要求條件會越來越寬鬆，同時，給予中國人長期居留日本的機會也會越來越多。今後，只要中國人在日本的口碑不是越來越差，中國人規模性移民日本的可能性會越來越大。說白了，日本周邊國家中，也只有中國人最願意花錢，也最愛考慮移民，而且中日兩國文化和人種上也有許多相通之處，經濟與市場的融合度最高，日本政府不會更多地拒絕中國人的到來。

所以，你真想移民的話，日本是一個不錯的選擇。當然，最好把移民看作一種選擇居住地的行為，別扯上愛不愛國的大問題。

文化底蘊

日本甚麼樣的人才能稱為「先生」

我去東京都文京區的「日中友好會館」的後樂寮，給中國的留學生們做了一次演講，題目是《我們應該如何理解日本？》。在演講中，我說道，漢語傳到日本之後，因為島國的封閉性和對於傳統文化的重視，許多日語詞彙保留了古漢語的意思，同時整個社會也保留了中國儒學中臣臣子子，上下有序的等級與禮儀的規程。我舉了不少的例子，其中也說到一個詞，叫「先生」。

「先生」這個詞是漢語，中日文通用，但是在具體的使用中，兩國卻有微妙的不同。

在中國，「先生」這一稱呼，最早見於《禮記．曲禮上》：「從於先生，不越路而與人言。」漢代經學大師鄭玄做了註解，說「先生，老人教學者」。後來，三國時候的著名史學家韋昭，註解說：「古者稱師日先生。」

孔子的《論語》，不僅是我們中國國學的經典之作，也是日本人必讀的一本教科書。《論語》中對「先生」是怎樣解讀的呢？是把它當作「父兄」來解讀的。在《論語．為政》中，我們可以看到這樣的句子：「有酒食，先生饌。」魏朝吏部尚書何晏對《論語》的「先生」二字，做了這樣的解讀，說「先生，謂父兄」。我們可以推斷，以《論語》作為國學教材的日本人，是應該明白中國古漢語中「先生」的這些用法，是指「父兄」「師長」。

但是隨着時代的變遷，在中國，先生這一概念，與古漢語相比，發生了變化。《現代漢語詞典》中，是這樣解釋「先生」這個詞的：第一，老師；第二，對知識分子的稱呼；第三，對別人的丈夫和對別人稱自己的丈夫；第四，方言中稱呼醫生；第五，舊時稱管賬的人；第六，舊時稱以說書、相面、算卦、看風水等為職業的人。

比如在民國時期，一般稱老師為「先生」。魯迅先生在《從百草園到三味書屋》中寫道：「第二次行禮時，先生便和藹地在一旁答禮。」這裡的「先生」，就指私塾的老師。

在古代，因為男尊女卑，女性是不可以被稱為「先生」的。但是「五四運動」之後，由於新思想的湧入，對於德高望重的女性，也開始稱之為「先生」，比如稱孫中山的夫人宋慶齡為「宋慶齡先生」，稱女作家冰心為「冰心先生」。

但是到了解放初期，尤其是「文化大革命」時期，因為「先生」這一稱呼太缺乏革命性，而且帶有資產階級的色彩，因此一律改稱為「同志」。而「文化大革命」結束之後，改革開放初期又把香港人、台灣人介紹自己的老公為「這是我家先生」的稱謂方式引入大陸。於是大陸開始流行「你家先生可好」的說法，「先生」成了「老公」「丈夫」的代名詞。而現在，「先生」這一稱呼，又成了稱呼男性的專用詞。

那麼，日本對於「先生」這個詞，是作何解釋的呢？我們來看看日本著名的詞典《廣辭苑》，這部詞典出版於一九八四年，它是這麼解釋的：第一，父兄，比自己先出生的人；第二，有高尚學德的人、能夠成為自己老師的人；第三，學校的老師；第四，對醫生、律師等具有指導立場的人的尊稱；第五，對於自己敬重的人的稱呼。

在日語中，「先生」是一個相當尊敬的稱呼，一般人是無法享用的。比如同樣是在大學裡，並不是所有的老師都被叫作「先生」，享用這一尊稱的只有大學的正教授和副教授，助手就輪不到了。那些辦公室的事務人員，更是沒有資格享用。如果在教授面前，稱呼事務人員為「先生」，他一定會立即辯解說：「啊，對不起，我不是先生。」

那麼在日常生活中，日本社會有幾種人是被稱為「先生」的呢？第一，是學校的老師，從幼稚園開始到大學，老師都被稱為「先生」，男女不分；第二，是醫院的醫生，一般的護士還沒有這個資格。第三，是律師；第四，是國會議員和政府機關中的高官，一般的幹部還沒有資格享用；第五，是作家、畫家、書法家、作曲家等藝術家，一般很少稱歌手為「先生」，除非他教你唱歌；第六，是一些擁有指導立場的人，比如電視台的評論嘉賓、做演講的專家等。

我們再來看看普通的日本人，比如同事之間、朋友之間又是如何稱呼的呢？

一般是在你的姓之後，加一個「さん」。這個「さん」是沒有漢字的，在日語中的發音，跟漢字「桑」有點相近，所以，我們中國人也習慣用這個「桑」的漢字來表示，譬如稱呼老奶奶為「歐巴桑」。

因為日本沒有像中國那樣「老王」「小李」這樣的稱呼，所以，單位同事之間稱「さん」，其實就類似於我們「老王」「小李」這樣的意思。比如鈴木叫「鈴木さん」，渡邊叫「渡邊さん」。中國人的姓，因為是漢字，漢字在日語中都有特殊的發音，所以比如我姓「徐」，這個「徐」在日語中的發音，是「じょ」，所以大家叫我「じょさん」。如果姓「王」的話，叫「おうさん」。姓張的話，叫「ちょうさん」。姓孫的話，叫「そんさん」。就是姓李和姓劉，這個姓的發音，日語和中文很相近，所以，就直接叫「りさん、りゅうさん」。

「さん」這一稱呼是一個中性稱呼，男女都可以用，而且可以用於口語，也可以用於書面語。

那麼，比「さん」更有檔次的尊稱是甚麼呢？是「樣」。它在日語的語系中，是介於「先生」與「さん」之間的一個稱呼，屬於尊稱。

比如你去市政府辦事，就像去我們中國的辦證中心辦事，政府公務員喊你名字的時候，一定是用「樣」，而不會用「さん」。為甚麼政府官員稱呼去機關辦事的老百姓「樣」呢？因為你是他尊貴的服務對象，不是同事，更不是他的部下，所以，必須要用尊稱「樣」。

給客戶發郵件也是一樣，一定要用「樣」，比如寫給我的，一定是要寫成「徐靜波樣」，而不能寫成「徐靜波さん」，除非兩個人關係相當親近隨意。

那麼，假如給對方公司社長、部長發郵件或寫信，抬頭除了稱呼其職務之外，後面也要加一個「樣」，比如「徐靜波社長樣」。但是如果同事同學之間、親朋好友之間用這個「樣」的話，關係就顯得生疏了。

大家有沒有看到過，日本人在頒發的任命書和獎狀中，不用我剛才說的「樣」稱呼，而是用一個特殊的漢字「殿」。

「殿」這個字也是尊稱，但是在使用中有嚴格的規定，只能用於上級對下級、組織對個人的關係。比如公司董事會任命你擔任營業部部長，在任命書中，一定會寫成「徐靜波殿」。

在觀看日本電影和電視劇時，我們也常常聽到，日本人稱對方為「君」。這個稱呼是人們對於男性的一種親熱的叫法，但使用時也有嚴格的規定，一般多在同輩同齡的男性之間使用，用得最多的是同學之間。還有一種用法是，大學老師在招呼學生時，也會用這個「君」字（很多時候還男女生不分）。那麼，「君」在日語中念甚麼呢？念成「kun」，比如我以前在日本讀研究生時，我的導師就叫我「徐君」。

還有一種情況，就是在日本國會，前輩國會議員招呼後輩國會議員或者同輩議員時，也會使用這個「君」，有一種同朝為官，卻又長幼有序的意味。我們平時在日本看電視直播的國會答辯時，擔任預算委員會委員長的主持人，叫大臣站起來回答問題時，就會說：「福田君，請你回答。」

對男性親密的叫法叫「君」，那麼對女性的親密叫法，叫甚麼呢？叫「ちゃん」。這個「ちゃん」沒有漢字，我們中國人給它造了一個字，是醬油的「醬」。這是一個對女孩的暱稱。

這個「ちゃん」的用法與對男性的「君」的用法，有一個比較大的區別。那就是「君」一般是用於稱呼姓，而不是名。比如這個人的名字叫「鈴木英雄」。你只能稱呼其為「鈴木君」，而不能稱其為「英雄君」。但是，稱呼女性甚麼甚麼「ちゃん」的時候，卻不能稱呼其姓，只能稱呼其名，而且大多數是取其名字的其中一個字的發音，以顯示親熱。比如這個女孩子的名字叫「中野良子」，「中野良子」日文的讀法是「なかの　りょうこ」。但是如果要給她取一個暱稱，不能叫「なかのちゃん」（中野醬），而是取其「良子」中的「良」的讀音，稱呼其為「良醬」。

那麼，用「醬」來稱呼女孩或成年女性的話，也有一個嚴格的規定，那就是兩個人關係很親近，比如父母叫女兒、爺爺奶奶叫孫女、男朋友叫女朋友、同學朋友之間相互稱呼，那是可以的。但是在一個單位裡，如果老闆稱自己的女秘書或者女部下叫「XX醬」的話，周圍的人絕對會豎起耳朵，懷疑秘書或女部下跟老闆有一腿。

所以，在單位裡面稱呼女孩子一定要用「さん」，而不能用「ちゃん」，這是一個原則。至於像乒乓球選手福原愛，日本國民喜歡叫她「愛醬」，是因為她從六歲參加比賽，幾乎每次都哭鼻子，實在是太可愛了，成了一位「國民女兒」。據說自從結了婚之後，愛醬的普通話，已經被老公從瀋陽腔改造成了台灣腔。

看了以上文章，大家一定了解了日本社會對先生、さん、殿、君、ちゃん的不同用法和使用

規則。以後到日本的時候，不能亂用，以免鬧出笑話或者做出失禮的事情。我告訴大家一個秘訣，如果實在搞不清分不清的話，關係遠的用「様」，關係近的用「さん」，男女通用，一般不會出大錯。

日本人為甚麼還在用手帕

回國內出差，遇到兩件事。

一件事是從濟南坐高鐵到上海，上了一趟洗手間，發現洗手間裡滿地是水。而剛剛從廁所裡出來的一位男士，拚命地甩手，把過道上的地都弄濕，還把水甩到了我的臉上。我當時的第一反應是：你為甚麼不用手帕把手擦擦乾淨？轉眼一想，是啊，中國人已經不用手帕了。所以，廁所裡滿地是水，也就不足為奇。

另一件事是我在上海與朋友們一起喝酒，一位女士不小心打翻了酒瓶，我本能地掏出手帕遞給她，她的第一反應是：「你怎麼還有手帕？」第二個反應是沒有伸手接，她可能覺得餐巾紙比手帕更衛生。

我為甚麼會把這兩件事連在一起想，是因為看到中國人幾乎都不用手帕，而在日本，幾乎是人人都帶手帕，有的還不只一塊。

在紙巾十分普及的背景下，日本人為何還堅持使用手帕呢？這其中就涉及日本的手帕文化和日本人的生活姿態。

日本是一個現代化程度非常高的發達國家，早在二十世紀八十年代就已經普及了紙巾。可是為甚麼到現在日本人還在用手帕？究其原因，主要有兩點：

首先是日本人的環保意識。因為紙巾是用樹的木漿為原料製作而成的，日本人認為，過多地砍伐木材做紙巾，不僅浪費資源，還破壞環境。這種對大自然的負疚感甚至一種罪惡感，使得日本人盡可能地不使用紙巾，而是使用手帕。因為手帕只要清洗，便可以反覆使用。

其次是使用手帕給人以一種優雅、細膩的感覺。雖然日本包裝用的方巾的歷史已經有五百多年，至今在京都和東京的許多地方，都還可以看到各色方巾包裹的禮品。但是，日本人將方巾做成縮小版，變成手帕，還是明治維新之後的事。英國和法國的許多貴族都用手帕作為男士西裝上衣口袋的裝飾，女性也將手帕作為隨身攜帶的擦手布。在日本人的眼裡，使用手帕是有身份、有教養的象徵。

那麼，日本人使用手帕的頻率有多高?東京的一家生活雜誌社對六點四萬人進行了一項調查，結果顯示，一直隨身攜帶手帕的人為百分之七十，經常攜帶的人是百分之十五，偶爾攜帶的人為百分之九，從來不攜帶手帕的人只有百分之一點七。可見手帕是絕大多數日本人出門時的必需品，如同手機一般。

許多中國留學生到日本之後，最吃驚的事不是日本公共交通的便捷，也不是社會秩序的良好，而是每一位日本人，無論男女，都會隨身攜帶手帕。這對於習慣用紙巾，甚至從沒有用過手帕的中國年輕人來說，像是一個天方夜譚般的發現。

有一次，一位剛到日本不久的中國女留學生和同學一起在大學的洗手池裡洗完手，別人都紛紛掏出手帕擦手，只有她提着兩隻濕手尷尬地站在那裡，不知道是該甩乾還是在衣服上抹乾。一個日本男同學臨走時對她說了一句話：「不用手絹的女生我還是第一次見到。」這位中國女留學生張大嘴巴愣在那裡。放學後，她就毫不猶豫地走進了百貨公司，買了人生的第一塊手帕。

日本人使用手帕的習慣是從上幼稚園的時候開始培養的，孩子出門的時候，媽媽會給孩子的衣服上別一塊小手帕。日本的《小學生守則》裡，也明確規定學生每天必須攜帶手帕和紙巾。老師每天要例行檢查清潔，以此來督促孩子們養成使用手帕的習慣。

正因為從小養成了攜帶手帕的習慣，因此，手帕也成了日本國民的生活標配。我問了我們通訊社裡的員工，平均每人有五六塊手帕，有位女記者，大大小小的手帕居然有二十幾塊。我自己數了一下，也有八塊手帕。

日本人使用手帕，也使用紙巾，但是二者有嚴格的分工。手帕只用於擦汗、擦手、擦眼淚，像吐痰、擤鼻涕，都是使用紙巾，不會使用手帕。所以，最大限度地保持手帕的乾淨，是每位日本人的行為素養。

日本手帕的款式，是男女有別的。一般來說，女性的手帕大，男性的手帕小。為甚麼女性的手帕比男性的大？因為女性使用手帕的功能要比男性多。比如夏天穿短裙坐在辦公桌前，或者在餐廳裡用餐，為了避免被人窺視內褲，日本女人們大多會把手帕展開來蓋在膝蓋上，這樣就可以阻擋對方的視線，既優雅又不失禮貌。同時，還可以防止食物掉落弄髒自己的衣裙。長頭髮的女性，有時候會用手帕把頭髮紮起來。遇到清掃衛生時，不少日本女性用手帕當頭巾，把自己的頭髮包裹起來，防止沾上灰塵。

而對男人們來說，與女友約會時，掏出手帕鋪在公園的椅子上，可以顯示自己的體貼；遇到女孩子流淚時，掏出手帕給對方擦淚，可以演繹無限柔情。

日本手帕的材質，很少使用絲綢，因為絲綢不吸汗也不吸水，使用最多的是棉質。棉做的手帕，不僅柔軟而且吸水，也不容易起皺。而這種棉做的手帕又分成兩大類：一類是薄薄的手帕，放在衣服口袋裡；還有一類是四方小毛巾，主要是夏天時擦汗用的，一般都放在手提包裡。

日本人放手帕，男女也有講究。絕大多數男人都把手帕放在褲兜裡，而且以左側的褲袋為主，只有少數人放在上衣口袋裡。到了夏天，也有一些人將手帕放在褲子的屁兜兒裡。而絕大多數女性是把手帕放在包裡，很少有人放在褲兜裡。因為放在褲兜裡鼓鼓的，不好看。

日本人不僅要天天帶着手帕，還要保持乾淨平整，當眾掏出皺巴巴的手帕，是件很失禮的事情。所以辛苦了日本的家庭主婦：每天要將一家老小的手帕洗乾淨、熨平、疊好。

手帕一般都很耐用，用慣了反而不願意輕易扔掉，加上偶爾會收到別人的贈送，所以買手帕給自己用的時候並不多，尤其是女孩子。在我們中國，情人節這一天大多是男人送玫瑰花或者巧克力給女人。但是日本不一樣，日本在二月十四日這一天，是女人買巧克力送男人。看上去是男人受到追捧佔了便宜，其實，日本社會為了顯示男女公平，在一個月之後的三月十四日，又設定了一次情人節，這次的情人節，是男人向女人還禮。還甚麼禮呢？最多的就是手帕，而不是巧克力與玫瑰花。所以，這一天，百貨公司的手帕櫃台前，擠來擠去的大多是男人。所以像我們通訊社的那位女記者，擁有二十幾塊手帕，其中的原因也是不言而喻。

除了情人節外，日本人在各種紅白喜事及人情世故時，收到賀禮和錢財之後都有回贈禮物的習慣。此外，到了一個新的環境，比如搬家或調動工作，人們也會向左鄰右舍或周圍的同事送上一點薄禮以表示「請多關照」。這種時候，各種款式的手帕往往因為價格適中、輕重得體而成為答謝禮品的首選。手帕的花色或風格別有情致，精心挑選一塊符合對方心意的手帕，也包含了送手帕的人那一種「勿忘我」的情意。有的廠家還給免費刺繡名字。

日本一塊普通的手帕，五百日元（約三十元人民幣）就可以買到。但是一塊高級手帕的話，價格一般是一千五百日元左右（約一百元人民幣），貴的也有三千多日元（約二百元人民幣）。

手帕既然是必不可少的日用品，因此在日本隨處可以買到，不論是大型百貨商店還是連鎖超市，都設有手帕專櫃，各種款式花色的手帕琳琅滿目。有日本國產的品牌，也有像紫羅蘭、Burberry 等國際品牌。我前不久去東京銀座三越百貨公司的一樓手帕櫃台，看到手帕的品種多達五十種，女性用的色澤鮮豔，男性用的以深色為主。

在日本生活得越久，越能感受到手帕無處不在。電視直播日本國會的議員答辯時，也能夠常常看到日本首相掏出手帕擦汗。就連電視劇裡都常出現這樣的情景：女主角痛苦地在雨中走着，男主角及時出現並掏出一塊手帕為其擦去臉上的雨水；之後女主角將手絹洗淨熨平，然後再以「要將手帕還給你」的名義與男主角約會見面，演繹一段浪漫的愛情故事。

我小時候看過一部日本電影，叫《幸福的黃手帕》。男主角的名字叫勇作，由著名影星高倉健扮演。女主角，也就是勇作的妻子，由著名女影星倍賞千惠子扮演。這部電影的情節是這樣的，在北海道的煤礦裡工作的勇作，由於自己的莽撞，一怒之下失手殺人。入獄後，勇作和妻子提出了離婚，從那之後，兩人的愛情似乎畫上了句號。出獄時，勇作無處可去，於是給前妻寄了一張明信片，寫了這麼一句話：「我出獄了，如果你還是單身，而且現在還在等我的話，就在家門前那個旗杆上，掛上黃色的手帕。」

雖然明信片寄出了，但是勇作還是沒有勇氣回家；他很擔心，前妻已經嫁人，成了別人的太太，而自己將會落得沒有臉面生活下去。就在勇作猶豫之際，他遇到了一對來北海道旅遊的年輕人，在他們的開車護送鼓勵下，勇作終於回到了家。可是已經走到自己家門前了，勇作也依然不敢抬頭，在兩個年輕人的鼓勵下，他終於睜開了眼，看到門前飄舞的那麼多黃手帕，他一切都明白了，妻子依然在家裡等待着他的歸來。妻子跑出來，靜靜地望着他，還是像以前那樣，說了一

句「おかえりなさい（您回來了）」。當溫柔動人的聲音在耳邊響起，勇作僵在那裡，妻子的善良與溫柔感化了他那顆孤獨的心，妻子撲在他的懷裡哭了。

過去這麼多年，電影中那串黃手帕像萬國旗一樣迎風飄揚的鏡頭，依然深深地印在我的腦海裡。我想，看過這部電影的朋友，也一定不會忘記那份感動，因為它定格了一對戀人重逢的幸福。黃手帕也因此成了日本社會一個「幸福」的象徵。

高倉健先生已經去世，我接下了他生前的辦公室作為自己的辦公室。高倉健先生生前交往的一位畫家特地給我送來了一幅畫，畫的就是電影《幸福的黃手帕》的定格鏡頭。所以，每每看到這幅畫，我就會想起那部電影，想起自己青春的一絲回憶。

文章最後，我有一個小小的呼籲：所有閱讀這篇文章的朋友，去買一塊手帕，因為這塊小小的手帕能體現一個人的優雅與品位。

日本人教育孩子的幾個原則

二〇一八年的上海書展，華文出版社安排我做一次演講，演講的主題是《日本人如何教育孩子？》

我覺得，中國的教育和日本的教育在理念上存在着較大的差異。中國有句很流行的話，叫作「不能讓孩子輸在起跑線上」。但是在日本沒有這句話。為甚麼？因為中國實施的是競爭教育，孩子必須從幼稚園開始在好的學校、好的班級裡讀書，成績考得要比其他同學好，才有希望，或者說才有可能出人頭地。至於其他方面的能力，比起一張漂亮的成績單來說，都是次要的，或者是可以忽視的。

而日本實施的是能力教育，培養每個孩子具備生活、學習、工作以及與他人友善相處的綜合能力。學習成績好的學生，可以去考東京大學；學習成績一般的學生，可以參加工作或者自己開店。日本社會不會覺得你考上了東京大學就是人才，當廚師就不是人才。所以「行行出狀元」是日本教育的一個追求。也正因如此，日本的孩子不會擠在「華山一條道」上。

在談日本人如何教育孩子之前，我先來說一件事情。來上海演講前，我接到了一位網友的留言，告訴我他的女兒在東京留學，得了嚴重的抑鬱症。他希望我能夠幫他們一起來開導他的女兒，因為他的女兒也喜歡收聽我的喜馬拉雅FM「靜說日本」節目。

當這位網友與妻子來到東京，帶女兒來我辦公室時，我發現這個女孩很優秀，也很漂亮，在國內是北京超一流的大學畢業生，在東京一所著名的國立大學裡讀博士。

在許多人的眼裡，這個二十六歲的女孩是一位高不可攀的公主。但是她卻在異國他鄉得了嚴重的抑鬱症，幾次逃離學校，還有過一次自殺行為。學校很擔心，父母更擔心，就這麼一個孩子，萬一有個三長兩短該怎麼辦？

我和女孩用日語交談，我想她更願意把自己內心的苦楚跟我說，而不想讓父母知道。她告訴我，學習和精神的壓力太大，她承受不了，想逃離這個世界，但是又無處可躲。我問她，你的壓力來自哪裡?她說自己從小學習成績很好,在班裡都是第一或第二名。但是到日本以後,她發現研究室的同學都比自己出色,自己很努力地在實驗室裡做實驗,總得不到好的成果,以往的那種靈性的成就感再也找不到了。逐漸地,她對一切都失去了信心。

我終於明白了,這個女孩從小就是個學霸。一直到大學畢業,在同學、老師和親戚朋友面前,她始終是一個聰明而驕傲的公主。但是到了日本留學之後,沒有了眾星捧月的感覺,她一下子就失去了自我。朋友圈裡,高中與大學同學不斷曬出談戀愛結婚、出國旅遊、買房買衣服的信息,而她不僅每天待在實驗室裡,而且到現在還沒找到男朋友,忽然發現自己活得很窩囊,精神一下子陷入崩潰的狀態。

學校很重視這位中國女博士的心理治療,給她介紹了最好的醫院,同時也安排老師同學與她溝通交流。但是她的病情時好時壞,最終不得不中斷學業,隨父母回國治療。

女孩走的那一天,我的內心感到十分的惋惜。我覺得這個學霸型女孩子,學業上一直是成功者,但是在人格教育上存在許多的缺陷。她的內心缺少一份堅強,容不得委屈,經受不住打擊,甚至容不得別人比她好。之所以造成這個悲劇,我們的家庭教育與學校教育都存在問題,或許我們的社會也應該承擔相應的責任。

我為甚麼要講這個故事，就是我感到日本在教育孩子自立、自律、自強，學會忍耐和承受打擊的過程中，有一套獨有的方法可以供我們中國的父母參考。

我在上海書展的演講中，和到場的三百多位聽眾朋友説過一句話：教育孩子，首先是教他們「自立」！

不知大家有沒有看過一張照片，就是日本皇太子的女兒愛子公主第一天上小學的照片。這張照片中有三個人，皇太子爸爸、雅子妃媽媽，還有愛子。但是愛子的書包不是爸爸媽媽幫她拿，也不是警衛幫她拎，而是她自己背着。

日本人看到這張照片，覺得很正常。但是我們有些中國網友卻把它當成了一件大事，因為居然沒有人為這位六歲的小公主拎書包。

從這件事中我們就可以發現日本人教育孩子的一項內容，那就是自己能做的事情，一定要自己做。孩子的事情，一定要讓孩子自己做，父母不要代替。

正因為如此，從小培養孩子自立的精神，不給別人添麻煩，包括不給爸爸媽媽和爺爺奶奶這些最親近的人添麻煩，也成了日本人與日本社會的一個基本的教育與行為準則。

在日本的教育當中，動手能力也是一項很重要的內容。日本有一個規矩，孩子不管學習多忙，也要幫助媽媽做家務，比如幫助媽媽疊衣服、倒垃圾、整理玩具、打掃房間等。吃完飯，碗筷必須自己收拾好拿到廚房裡去，不能放在飯桌上一走了之。

日本孩子的這種良好生活習慣的形成，與日本政府的一項規定有很大的關係。這項規定就是：小學生都必須在學校裡吃午餐，而且必須自理。

日本各個學校的午餐不是去食堂裡吃，而是在教室裡吃——中小學只有廚房，沒有專門的食堂。幾位值日生去食堂把飯菜抬到教室裡，然後分給每位同學。而每位學生吃完午餐後，必須做

兩件事：一是自己把托盤和碗筷送到洗碗池裡清洗乾淨，包括把牛奶紙盒拆開沖洗乾淨，然後把碗筷歸類放好；二是全體同學搬開課桌，光着腳翹着屁股手拿毛巾擦地板，把整個教室與走廊擦洗一遍。

這個行為教育，就是讓孩子們明白一個道理：你要得到，就必須付出，天下沒有不勞而獲的好事。

日本教育孩子，還有一個原則，叫「三加二原則」。這個原則就是父母和老師在教育孩子時，他做對了五件事，你只能表揚他三件，另外二件，你要提出批評，指出其不足。讓孩子知道，在成功的背後，還有自己的短缺，在渴望得到表揚和獎勵的時候，也會面臨批評與打擊。

這個「三加二原則」，就是為了培養孩子們不翹尾巴、不驕不躁、不自滿的品德，培養一種從小能經受打擊的堅強心理。

日本教育孩子，還有一個「一歲原則」——孩子長到一歲的時候，父母就不再給他餵飯，孩子必須自己學習吃飯。

在日本的超市裡，有專門的嬰兒用具貨架，這些用具按年齡的不同分成不同的大小規格，最小的是一歲孩子用，最大的是五歲孩子用。也就是說，一歲的孩子，有專用的小筷子、小勺、小碗、小牙刷。

而在一般的家庭用餐廳，都有嬰兒專用的座椅，有專門的兒童套餐，無論是拉麵還是麵包、米飯，都讓小孩子自己吃。有時候看到小朋友吃咖喱飯，把自己的臉和衣服抹得五彩繽紛，但是爸爸媽媽還有店裡的營業員就是無動於衷，任憑孩子自己胡亂地吃，以此來培養孩子一種獨立自理的能力。

日本的父母經常跟孩子說的一句話就是「我慢しなさい」，這句話翻譯成中文，就是說「你要學會忍耐」。在日本超市或者玩具店，很少看到日本孩子因為父母不給買東西而躺在地上耍賴哭鬧的事情。因為父母從小教育他，必須要學會忍耐。你想要的東西，並不是唾手可得的，必須通過自己的勞動來獲得。比如在家裡每天幫媽媽洗碗、打掃衛生，一個星期之後，爸爸媽媽再答應給孩子買想要的玩具。

日本人培養孩子忍耐力的還有「寒冷教育」。冰天雪地裡穿短褲和短裙上學，在瑟瑟發抖中鍛煉孩子的忍耐力和堅強意志。

從小培養孩子自立的品德與精神，最大的好處是日本人的動手能力比較強。自己蓋房子，自己做家具，自己修汽車，在日本男人中是常事。無論男生還是女生，沒有人會在結婚的時候要求父母給自己買一套房子、一輛汽車。有錢的話，自己買；沒錢的話，租房子結婚，不會因為自己的婚事而去給父母添麻煩。所以，在日本年輕人中，「啃老」被認為是一種不道德的行為，也會被人瞧不起。

總體來說，日本家庭、學校與社會對孩子的教育，追求的目標就是六個字——自立、自律、自強。在這種目標的追求中，社會不會只是把博士當作人才，捏壽司、做拉麵也是令人尊敬的職業。更因為孩子們從小受到很好的磨煉，心智比較成熟，整個社會也會更多地呈現一種祥和的氛圍，至少看不到日本人在街頭打架對罵。

當然，日本社會也有得抑鬱症的孩子，也有自殺的孩子，但是每次這樣的事件發生，社會與論，尤其是電視、報紙等媒體都會進行分析和反思，問題出在哪裡？誰該承擔責任？哪些地方還做得不夠？哪些領域還需要改正與完善？……讓全社會來關愛這些孩子，避免悲劇再次發生。

所以，健康人格的培養，有時比敦促孩子考高分更為重要！

日本人離開座位時最在意哪個細節

因為工作的關係，我要經常接待一些來自中國的政府官員和企業家，並安排他們去日本政府機構或企業參觀訪問。每次會談結束後，日本人都會很關注我們中國人的一個細節，那就是在離開座位的時候，會不會把椅子推回原位，重新靠在會議桌邊上。

為甚麼日本人會特別在意我們中國人的這個細節呢？因為在日本，開完會後將椅子推回原位是一個基本的常識，或者說是作為公務人員和商務人士的基本素養。當然，日本人出於禮儀，絕對不會提示中國人該怎麼做。但是，如果你在起身後把椅子推回到原位的話，他會覺得，你是一位很有教養的人。反之，日本人心裡會嘀咕半天。

雖然這只是一個小小的細節，但對於日本人來說，這個細節似乎十分重要。閱讀這篇文章的朋友，不知有沒有坐過中日航線的客機？如果坐過的話，不知有沒有注意到一個細節，那就是：在飛機上用餐時，如果是日本航空公司或者全日空公司的客機，空姐在送餐時一定會把各種餐盒擺放得整整齊齊，然後用雙手遞給你。而中國航空公司的空姐們，大多數是在盤子裡胡亂地放下餐盒，基本上是一隻手遞給你。

為甚麼日本航空公司客機的空姐和中國航空公司的空姐在遞送餐盒的時候，表現出的態度與禮儀會不一樣呢？原因很簡單，因為日本空姐在將餐盒遞給乘客的時候，她想到的是「這是粒粒皆辛苦的食物」，所以必須以敬畏之心用雙手遞給乘客，請乘客享用。而中國的空姐們，大多數時候只是感覺在完成一項分發任務，根本就沒有想得那麼遠。

我不是在刻意地褒揚日本的空姐，貶損中國的空姐。其實在日本的客機裡，也有不少空姐是中國人，為甚麼這些中國空姐做的也跟日本空姐一樣？因為她們接受了日本航空公司這種對食物敬畏的教育，知道做人必須遵循這一最基本的思想行為規則。而我們中國航空公司對於空姐們的培訓事項中，估計沒有這條「食物必須擺放整齊，然後微笑着雙手遞給乘客」的要求。

雖然「粒粒皆辛苦」這句話源自中國，但很多時候，我們確實缺乏對食物的敬畏感。日本人在用餐之前都習慣於合起手掌，有的還會認真地閉上眼睛，低下頭說一句「いただきます」，然後才開始動筷子。「いただきます」這句話，在動漫片中往往被翻譯成「我要開動了」，其實這個翻譯是不對的，在日語的語境中，這句話所表達的意思是「感謝神賜予我食物」，表示一種對食物的敬畏與感恩之心。而我們中國就沒有這種習慣，或許以前也有過。

當乘客在飛機上用餐完畢，如果你細心留意一下的話，會發現一個有趣的現象：日本乘客會把盤子裡的大小盒子整理一遍，小盒子疊在一起，或者把飯盒的錫紙鋪平，重新蓋在飯盒上，或者把餐巾紙疊成方塊，蓋在用過的餐盒上，然後整整齊齊地遞給空姐收走。而我們中國乘客，大多沒有這個習慣，往往會把吃得亂七八糟的盤子直接遞給空姐。

在全日空公司做空姐的一位中國女孩，曾經這樣跟我說：如何區分這個人是日本乘客還是中國乘客，用不着聽他的語言和看他的衣着打扮，只要看他用過的飯盒，一般都可以輕易地區分出來，除非這個中國人長期生活在日本。

這兩天，我陪幾位日本的酒店管理專家在成都考察，跟他們聊起這個細節，他們說，這主要是教育的問題。這種教育來自於兩個方面，一個是家庭，另一個是學校。

日本父母對孩子吃飯用餐的習慣，說得最多的一句話就是「綺麗に食べなさい」，翻譯成中文就是「要吃得乾淨漂亮」。

日本是一個島國，魚是日本人吃得最多的食物。日本父母要求孩子在吃魚時，不僅要吃得乾淨淨，而且吃完之後還要求保持魚的骨架不走形，也就是所謂的「乾淨漂亮」。對於一個孩子來說，這是一個挑戰，但是必須這麼做。只有做到「乾淨漂亮」，才能對得起這條奉獻了生命的魚。而吃完之後，孩子必須將飯碗和盤子拿到廚房的洗碗池裡放好，甚至有的家庭要求孩子必須自己把碗洗好。

日本從幼稚園到初中，都實行學校午餐供應制度。午餐是一個套餐，有各種各樣的小盤子。孩子們從小接受這樣的教育：吃飯前要說一句「いただきます」，所有的食物必須吃完。除非你身體不好，事先向老師說明。吃完之後，飯盒和菜碟都必須回歸原位。然後自己端到洗碗池裡把它們洗乾淨後，再根據要求分別放到不同的地方。

正因為日本人從小養成了這樣的習慣，他們不僅對食物會產生一種本能的敬畏感，同時對自己使用過的碗和盤子、吃過的食物，一定會整理收拾乾淨。這種習慣也表現在，在飛機上用餐後很自然地把吃過的盤子整理乾淨，日本人把這種習慣稱為「收納」。

比如，你走進中國的肯德基餐廳與走進日本的肯德基餐廳，會發現一個很大的不同。在中國的肯德基餐廳裡你會看到，用完餐之後，雞骨頭、盤子統統放在桌子上，客人拍拍屁股就走了，讓服務員來收拾吃過的東西。而在日本的肯德基餐廳，客人吃完東西後，都是自己把吃過的東西和杯子等端到垃圾箱前，根據可回收垃圾和不可回收垃圾的分類，放入不同的垃圾箱裡。而服務員最多抹一下桌子就可以安排新客人入座。

所以，這種「收納」文化使得日本人習慣於把自己吃過用過的東西歸位到指定的地方，留下方便給服務員和後來的客人。而一些中國遊客到日本，因為不知道日本的這種規矩，還是用在中國肯德基餐廳的習慣，吃完之後不收拾就走了，因此也常常引起日本服務員的不滿，認為中國遊客沒有素養。其實在我們中國，只是沒人要求或者教育你，必須把自己吃過用過的東西整理乾淨，因此也沒有這種「收納」的習慣。

我們回到文章開頭時説過的椅子的問題。到日本企業或政府機構去拜訪的中國人，大多是政府官員、企業家或者企業高管。在日本人的眼裡，這是中國最有品位和最有文化素養的一個群體，但確確實實沒有人告訴中國官員和企業家：「當你結束會談離開座位的時候，必須要把椅子推回原處，不能拍拍屁股就走。」

日本人認為，離開時把椅子推回桌子前面，恢復它原來的樣子，這樣會使會議室在瞬間就變得十分整潔，不用麻煩別人打掃會議室，同時也給後續的使用者提供一種便利。所以，日本人看中國人，就看能不能做到這個細節，如果你做到了，他們會認為你有素養；沒做到的話，他們嘴巴上也不會說，但是心裡一定會犯嘀咕。

前幾天，我與上海雜技團的幾位藝術家們一起吃飯聊天。這些藝術家們從二十世紀九十年代開始就到日本演出，他們給我講了一個細節——他們在日本各城市巡迴演出時，往往是一天換一個城市。讓他們感動的是，不管演出多晚，日本的演藝公司總是連夜拆台，然後連夜運到下一個城市去。到了下一個城市，你會發現，在前一個城市的舞台上，演出的道具放在哪個位置，到了下一個城市的劇場，這個道具也一定是放在哪個位置，絕對不會錯放。對演員來說，他們趕到一個陌生的新舞台，不必去尋找自己的道具，也不必去重新規劃舞台的佈局，上一場怎麼演，下一場也就怎麼演，因為日本的演藝公司已經把整套演出做出了一種固定的模式，讓演員們始終能夠在一種熟悉的、習慣了的環境裡進行表演。而日本演藝公司之所以能夠做到這一點，就是堅持了「收納」的文化，這種「收納」文化，使得一切變得嚴謹和有序，保證了演出不會出錯。

從一個飯盒到一把椅子，雖然只是兩個小小的細節，但是卻表現出日本社會的一種秩序與素養，一種不給別人添麻煩的自律。所以，大家以後去日本的時候，無論是去日本企業訪問還是在餐廳用餐，請一定記住：當你起身離開時，最好把椅子輕輕地推回桌子邊，讓它回歸原位。讓日本人知道：這種基本的禮儀，我們中國人都懂。

日本人過年如何發壓歲錢

在我們中國，有關壓歲錢的來歷，有這麼一個傳説。在北宋神宗年間，有一年春節夜晚，有個名叫王韶的副宰相，他的小兒子南陔跟隨大人在街頭觀燈遊玩時，不料遭到歹徒的綁架，歹徒想勒索王韶一筆錢財。歹徒綁架南陔逃跑時，正巧遇到朝廷的車子經過，於是南陔大聲呼救，歹徒只得放下南陔倉皇逃跑。後來，皇帝宋神宗得知此事，就賜予南陔一些錢，給他壓驚。從此「壓歲錢」在民間流傳開來。

壓歲錢是漢族人過年時的習俗，寓意是闢邪驅鬼，保佑平安。人們認為小孩容易受鬼祟的侵害，所以每年在春節拜年時，長輩要將事先準備好的壓歲錢放進紅包分發給晚輩們，用壓歲錢壓祟驅邪，幫助小孩平安過年，祝願小孩在新的一年健康吉利、平平安安。

以上是中國有關「壓歲錢」的說法。那麼在日本，壓歲錢有甚麼來頭呢？

根據日本民俗史料記載，日本壓歲錢的起源可以追溯至神話時代。自古以來，每到新年的時候，家裡人會一起做年糕放在神壇上，獻給「年神」，就是「新年之神」，以祈禱無病無災地度過新的一年。這些沾了神氣的年糕，之後會分給大家品嚐。在過去食品貧乏的年代，新年能夠得到一塊年糕，對孩子們來說是歡天喜地的事情。後來，隨着時代的變遷，這些年糕就變為「新年的禮物」。進入昭和時代，這些新年禮物就演變成了孩子們的壓歲錢。

日本的壓歲錢不叫「壓歲錢」，它有一個很有意思的名字，叫「年玉」，念成「おとしだま」。為甚麼叫「年玉」？因為在中國古漢語中，有「琦年玉歲」的說法，是指如花似玉的年華，即人生最美好的青春歲月，屬於「芳華」。所以「年玉」的意思，就是祝福孩子們健康成長，度過如花似玉的年華。

雖然中日之間有關壓歲錢的來歷、傳說有所不同，但是，新年給孩子壓驚與祈福之意，中日同源。

我們中國人給孩子們壓歲錢，基本上是根據關係的親疏來確定金額的。如果是自己的孫子孫女，那自然要給多些。如果是一般親戚的孩子，就給少些。

但是，日本人在給孩子壓歲錢時，親疏關係考慮得比較少，而孩子的年齡成為分發壓歲錢的一個關鍵性考量因素。孩子歲數越大，給的錢就越多。日本人說，這符合小孩子越大用錢越多的自然規律。

在日本發壓歲錢，有一件事必須注意。就是你到上司家或身份比自己高的人家去拜年的時候，不能給對方孩子壓歲錢。這是為甚麼呢？

因為壓歲錢本是神的賜物，演變到後來則成了長輩的賜物。如果到上司家給小孩壓歲錢，實際上是把自己當成了神，當成了長輩和恩賜者，上司家則成了被恩賜的世俗對象。這對上司無疑是極大的侮辱與嘲弄。所以，日本的這一觀念與中國有所不同。

但是，日本有不少長者會給鄰居的小孩發壓歲錢。一方面是感覺到孩子的可愛；另一方面也可以增進鄰居之間的感情。

在日本分發壓歲錢，是有講究的。

首先，必須要將壓歲錢裝在「紅包」裡。在色彩審美方面，日本人喜愛質樸自然的素色，日本人覺得「神道認為凡是帶色彩的都是不潔淨的，只有白色是一種神儀的象徵」。所以用於裝壓歲錢的「紅包」實際是「白包」。雖然是白包，但是款式多種多樣，圖案題材也十分廣泛，春節多用梅花、櫻花、招財貓等素材。另外也有較多的花草、動漫形象和傳統節日風物，如鯉魚旗、人偶、風箏、月兔、寶船等圖案。

其次，在紅包的正面要寫上贈送的孩子的名字，背面註上自己的姓名。因為當小朋友們同時從很多親戚或者大人那裡得到壓歲錢的時候，會搞不清楚這個到底是誰給的，沒法向父母交代。最後，放入紅包袋裡的錢帶有對孩子的祝福，因此，必須用新錢幣。長輩們在過年前要早早地去銀行換新鈔票。一些銀行也會在年末的自動取款機裡全部放上新鈔票，供人們發壓歲錢使用。

那麼，日本人給孩子壓歲錢，是按照甚麼標準給的呢？

在日本社會，其實存在着一個壓歲錢的量化標準。這個標準大體有兩個計算公式，第一種量化標準計算公式是：孩子年齡除以二乘以一千日元等於壓歲錢。比如：四歲孩子除以二乘以一千日元等於二千日元，約一百二十元人民幣；五歲孩子除以二乘以一千日元等於二千五百日元，約一百五十元人民幣；第二種量化標準計算公式是：孩子年齡乘以五百日元等於壓歲錢。比如：六歲孩子乘以五百日元等於三千日元，約一百八十元人民幣；七歲孩子乘以五百日元等於三千五百日元，約二百一十五元人民幣；八歲孩子乘以五百日元等於四千日元，約二百四十元人民幣。

其實，這兩種計算方式大同小異。

日本的壓歲錢，一般是從幼稚園開始，也就是從孩子知道錢是怎麼一回事開始給，給到孩子讀大學。與我們中國不同的是，對於幼稚園之前的孩子，基本上是不給壓歲錢的，日本人認為孩子太小還不會用錢，沒有必要給。

日本住友信託銀行曾經以三千餘名顧客為對象進行過一次有關壓歲錢問題的調查。

第一個問題是：「你有沒有給壓歲錢的打算？」百分之七十二的人回答「有」。

第二個問題是：「打算給幾個人發壓歲錢？」回答最多的是「三個人」，達到百分之二十八。其次百分之二十一的人回答是給「六個人」。

第三個問題是：「你準備發多少壓歲錢？」回答「一萬日元以上」（約六百元人民幣以上）的佔百分之二十四；回答「二千至三千日元」（約一百二十至一百八十元人民幣）的佔百分之十六；回答「四千至五千日元」（約二百四十至三百元人民幣）的百分之十五；回答「一千至二千日元」（約六十至一百二十元人民幣）的佔百分之十一。

這項調查結果顯示，絕大多數人認為，給一萬日元（約六百元人民幣）的壓歲錢是最高標準，不能再給更多的錢，而且一萬日元只能給高中生和大學生。初中生的話，給五千日元（約三百元人民幣),小學生的壓歲錢,普遍的標準是二千至三千日元(約一百二十至一百八十元人民幣)。幼稚園小朋友普遍是給一千日元(約六十元人民幣)。

一般來說,日本人的平均工資高出中國人平均工資的七八倍,所以從工資比例來看,日本人發壓歲錢,總體上還是比較小氣的。

那麼,新年期間,爺爺奶奶有錢,趁機給孫子多一點壓歲錢行不行?如果給多的話,那就要繳納贈與稅。贈與稅的納稅條件是超過一百一十萬日元(約六萬六千元人民幣)。而且嚴格說來,這一百一十萬日元也可以算一年之內從長輩手裡拿到的錢財的總額。比如壓歲錢拿了五十萬日元,生日時收到五十萬日元,上學時拿到二十萬日元,那麼超過一百一十萬日元的部分,也就是說超過的十萬日元,要繳納百分之十的贈與稅。

那麼,日本孩子過年一般能夠拿到多少壓歲錢呢?日本玩具公司博品館調查了九百名中小學生及其家長。結果顯示,日本中小學生人均收到的壓歲錢為二萬四千四百二十四日元(約一千五百元人民幣),其中小學生人均為二萬一千三百八十二日元(約一千三百元人民幣),中學生壓歲錢略多,人均為三萬五千零七十日元(約一千九百元人民幣)。

拿到壓歲錢之後怎麼用?百分之三十八的孩子表示要把壓歲錢「存起來」,百分之二十八的孩子表示要購買遊戲機和遊戲軟件，還有孩子表示要買文具、書、衣服和零食。不過，能夠自由支配全部壓歲錢的中小學生，只佔百分之三十五。而八個孩子中就有一人回答：自己的壓歲錢全給媽媽沒收了，自己根本沒拿到。

至於大學生，一般過年都可以拿到四萬日元（約二千四百元人民幣）以上的壓歲錢。大多數大學生認為，大學時代是自己獲得壓歲錢的最後機會，所以要存起來，作為和朋友出去旅行的費用。也有部分大學生用壓歲錢購買個人電腦和手機等電子產品。

日本這個民族受自然環境和外來文化的影響，形成了自己獨特的文化，而這種文化滲透到生活的方方面面，塑造出了日本民族獨有的性格特徵，以至於日本的新年紅包文化也呈現與中國截然不同的形態和習俗，處處體現出日本人注重禮儀人情和講究細節的特點。所以，研究日本的文化，既可以看到中國古代文化的影子，又可以看到日本文化與眾不同的一面。

日本酒獲金獎為甚麼不印在瓶子上

在日本人的印象中，中國人每天的早餐都是小籠包。而在中國人的印象中，日本人每天晚上都在喝清酒。事實究竟如何呢？中國每天吃小籠包的人，一千人當中估計只有一人。而日本人中，每天喝清酒的比例，估計一百人中也只有一人。

為甚麼日本人喝清酒的比例沒有中國人想像得那麼多呢？因為日本年輕人認為喝清酒是中年油膩男幹的事，年輕人才不喝那玩意兒。就像現在中國的年輕人也會認為喝黃酒是中老年人幹的事一樣。

那麼，日本的年輕人平時喝甚麼呢？喝得最多的是啤酒，其次是各種果酒。中老年油膩男喝甚麼呢？第一是啤酒，第二多數是燒酒加水，因為燒酒含糖量低。這說明，正兒八經地喝清酒的日本人是越來越少。正因如此，日本各地的清酒酒廠開始遇到一個問題，那就是日本國內的清酒市場出現了萎縮，銷售量急劇下滑。接下來，日本清酒該賣給誰呢？許多日本酒廠看中了中國市場，把希望寄託在了中國人身上。

前不久，我接待了一位來自日本東北地區新潟縣的企業家。

我們亞洲通訊社在日本發行了一份日文報紙《中國經濟新聞》，專門報道中國經濟。這位企業家名叫高橋，是一家酒廠的老闆，也是我們報紙的讀者。這次到東京來參加一個活動，順便來看我。

高橋給我拎來兩瓶他的酒廠釀的清酒，並告訴我，這款清酒在不久前舉行的全日本清酒評選中，獲得了金獎。

我很為他高興。因為這是高橋的酒廠第三次獲得全國的清酒金獎。

日本全國的好酒大多產自新潟縣，因為新潟縣有兩個寶。一是新潟縣是日本最好的稻米產區，著名的「越光」牌大米，原產地就在新潟縣。二是新潟縣有洌的雪山水。因為到了冬天，靠近日本海的新潟縣的降雪量會達到四五米厚，所以新潟縣的地下水都是雪山水。用這種雪山水釀出來的清酒，可以說是雪山清酒。

中國社會現在很流行日本的一款叫「獺祭」的清酒。「獺祭」是安倍首相的老家山口縣出產的清酒，山口縣位於京都以西的地方，也產稻米，但不是最好的「越光」米。

在日本人的傳統印象中，日本數一數二的清酒品牌，第一是「八海山」，第二是「久保田」，這兩款酒都是產自新潟縣。為甚麼這兩款酒在我們中國不出名呢？是因為在二〇一一年時，日本發生了東日本大地震和海嘯，導致福島第一核電站的核泄漏；新潟縣雖然不是災區，而且也遠離福島，但是和東京一樣，也屬於日本東部地區，說不定也遭到了核污染。因此，許多國家對日本東部十個縣，也包括東京出產的食品，都實行了進口禁止令。因此「八海山」「久保田」這樣的好酒就無法出口，影響力就大大降低了。相反地，安倍首相用家鄉的「獺祭」清酒宴請美國總統奧巴馬和俄羅斯總統普京，一下子為這款清酒做了廣告；連我們中國人也知道，日本有一款清酒，味道不錯，價格很高，名叫「獺祭」。

高橋社長的酒廠，已經有三百多年的歷史，他是第十一代傳人。這次也是他第三次獲得全國清酒的金獎。他這次來看我，想跟我探討一個問題，就是如何能夠把自己的清酒賣給中國的消費者。

我跟他說，中國政府目前對於日本東部地區的食品還沒有解除進口禁止令。因此，通過正規渠道出口到中國，理論上是不可能的。但是如果把自己的酒放到機場免稅店的話，中國遊客就會買。因為酒重，遊客一般都不會預先買好酒後隨身帶着去各地旅遊，大多數會選擇在機場免稅店裡買。

我還告訴他，中國人其實對於日本清酒的品牌都不熟悉，不知道買哪款好，所以在購買時，第一是看酒的包裝的品位，第二是看這酒得過甚麼獎。比如我們中國人最愛喝的一口，就獲得過「巴拿馬金獎」。

高橋社長聽了我的話，連忙說了一句話：「酒釀出來後，都已經開始賣了，獲獎的標籤來不及印刷。」

我說：「那你以後就可以印上去啊？」

他說：「以後印上去的，就不是獲獎的酒了！」

我開始聽不懂，獲獎的就是你們酒廠的酒，為甚麼獲獎以後，就不能說獲獎呢？

高橋社長跟我講了這麼一個道理：「清酒是大米釀成的酒，日本的水大多是軟水，因此，清酒不適宜長期保存。與中國的白酒和黃酒不同，清酒越新，味道越鮮美。因此日本的清酒是沒有五年陳、十年陳的。清酒都是一次性釀成的，所以不可能將原酒長期存在酒庫裡，基本上釀成後就罐瓶封存。所以，拿當年釀成的新酒去參加全國的評獎，獲獎的時候，酒已經上市銷售，我們能夠做的事，就是臨時印刷一些獲獎的標籤，給每瓶酒貼上標籤，但是銷售點太多，無法一一去貼，基本上也就無法告訴消費者，這酒獲得了全國金獎。但是，在以後生產的酒瓶或者包裝盒上印上獲得金獎的消息，是不能做的事，因為獲獎的是那一年的酒，不是以後釀造的酒。也就是說，二〇一七年釀成的酒獲得了金獎，並不意味着二〇一八年釀成的酒也是金獎酒，這完全是兩碼事。所以，如果在二〇一七年以後釀成的酒的包裝上都印上『這酒獲得過金獎』，那就是欺騙消費者。」

聽完高橋社長的話，我愣了老半天，覺得這個道理有點難以理解。我們中國的一些名酒，即使是一百多年的事，也要挖出來，貼在商標上，告訴人家我這酒在一九一五年獲得過巴拿馬國際博覽會金獎。根據日本人的思維，這麼做就是錯誤的。因為一九一五年釀的酒獲得金獎，跟現在釀的酒根本不搭界。現在釀的酒沒有獲得過巴拿馬國際博覽會的金獎，就不應該拿老祖宗的東西來說現在的事。現在釀成的酒，或許比一百多年前的金獎酒還好，但兩種酒不是一回事。

我覺得高橋社長是死腦筋，在包裝上印上一九七九年獲得過全國金獎、二〇〇一年獲得過全國金獎、二〇一八年獲得過全國金獎，這是事實，有甚麼難為情呢？

他說：「這樣做在釀酒行業會被人笑話的。因為過去獲的獎只能證明你過去取得過的成績，而不是現在取得的成績。拿過去的東西來包裝自己，就有掩飾自己產品品質的嫌疑。因為你現在釀成的酒，不一定能夠絕對保證就是當年獲得金獎的那款酒的味道，就像葡萄酒，每一年的味道是不一樣的。所以，歐洲的葡萄酒酒莊，不管多麼有名，也很少在酒瓶子上印上獲得甚麼獎的標籤。道理是一樣的，酒是靠品牌來造就信譽，而不是靠獲獎的標籤來愚弄消費者。而維護品牌的信譽，是需要幾十年幾百年的品質和信譽保障，不是靠幾塊獎牌就可以維護得了的。」

高橋先生的最後一句話，打動了我的心。一款清酒的品牌，要靠幾十年、幾百年的精心打造和磨煉，這需要幾代人孜孜不倦的技藝傳承與默默無聞的努力。從高橋社長的身上，我們看到了日本人的那份匠心精神，還有一種謙虛內斂、自知之明的人生姿態。

我很好奇，日本全國清酒有上萬種，這金獎到底是如何評選出來的？

高橋社長告訴我，首先是各地的釀酒協會推薦本地有資格參選的好酒，然後推舉出二百多種酒進行第一輪的品嚐評比。實行淘汰制，最後剩下二十款清酒參加金獎決賽。為了防止品酒師們打印象分和關係分，每款酒都沒有任何的包裝和標籤，完全就是一個透明的玻璃瓶子，只是酒瓶前面無規則地放了編號，品酒師們看了瓶子之後，無法知道這是屬於哪家公司甚麼品牌的酒。

最後十名品酒師根據口感、味道和色澤等給各款酒打分，得分最高的酒獲得金獎。今年，高橋社長的酒捧得了金獎。

高橋社長得了金獎，自然是十分高興的事情。但是，如何將金獎轉化為酒廠的銷售利益，他卻感到困惑了。從他的困惑中，我們也可以看出，日本傳統釀酒產業的匠人們善於全身心地投入釀酒的技藝，而很少有人去思考如何把酒賣出一個大市場。所以，重技術、輕市場，也是日本企業的一種通病，又恰恰是中國人搞經濟的一種優勢。所以我一直認為，世界上最美好的生意組合，是日本人的技術研發能力加中國人的市場開拓能力。這種一加一的合作，不僅僅是等於二的結果，或許會等於六、等於八，甚至更多。所以中日兩國要多一點合作，少一點競爭與對抗，只有這樣，才能贏得兩國互惠互利的未來。

日本人為甚麼喜歡打高爾夫球

在中國人的印象中，日本是一個小國家。但是，日本人覺得自己不小，因為在這個小小的島國上，有着一點二七億人口；在西方國家裡，僅次於美國，排名第二。

不管怎麼說，日本是一個典型的人多地少的國家，人口密度是中國的二點五倍，國土面積是中國的二十五分之一，其中百分之七十還是山地。像這樣土地資源極其緊缺的國家，按中國人的習慣性思維，第一，要嚴格控制人口；第二，要保護耕地，盡可能把土地用於多種糧食，保證米袋子、菜籃子。

但是日本人沒有這麼去做，不僅沒有控制人口生育，居然還把緊缺的土地大量用於高爾夫球場的建設。那麼，日本這個彈丸之國，到底有多少個高爾夫球場呢？全國居然有二千六百多個，數量佔到了全世界高爾夫球場的十分之一，是美國以外擁有高爾夫球場最多的國家。而我們中國目前合法與非法的球場加在一起是六百個左右。

正因為高爾夫球場數量多，日本的高爾夫運動非常普及。日本全國一億多人口，有多少人能打高爾夫球呢？居然有一千三百多萬人，佔總人口的百分之十。所以，從普及的程度上來看，高爾夫球與棒球一道，已經成了日本的全民體育運動。

那麼，日本人是從甚麼時候開始打高爾夫球的呢？是從一九〇一年開始的，距今已有一百一十七年的歷史。

高爾夫原本是歐美的一種體育文化，明治維新時期，由於日本打開國門，與各國通商，不少歐美人湧入日本，也因此把高爾夫帶入了日本。

一九〇一年，英國茶商格魯姆躺在病床上，回憶起自己來日本已經三十三年，竟然沒有好好打過一場高爾夫，心中頗有遺憾。於是，他自己動手在神戶市的六甲山修建了一個只有四洞的私人球場，兩年後擴建為九洞。這就是日本的第一個高爾夫球場，也就是今天的神戶高爾夫俱樂部。格魯姆在一九〇三年五月的英文報紙《神戶紀事報》上登出消息，宣佈將在自己的新球場上舉辦一場比賽。這場比賽當然沒有日本球員參加。在最開始的幾年裡，高爾夫也只是西方人寄託鄉愁的一個工具。但在這場比賽後的第二年，已經擴建成十八洞的神戶高爾夫俱樂部就有了一百七十一位會員，其中包括七個日本人。

格魯姆證明了高爾夫這項運動可以在日本的土地上生根發芽。一九〇四年，橫谷附近出現了一座球場，即使冬天也可以在這裡打球。兩年後，橫濱附近的英國人在根岸也修建了球場。日本人也逐漸開始加入進來，有的是從為西方人做球童開始的。但要想在這個精英世界裡變得有競爭力，路還很長：日本的第一場全國高爾夫球賽開始於一九〇七年，但直到一九一六年，才有第一位日本本土的球員參賽。

對日本人來說，一九一八年發生的一件事很具有歷史意義：一個叫井上誠的日本人，居然贏得了日本全國高爾夫賽事的冠軍。他的勝利表明，高爾夫完成了從外國精英到本土精英的交接，日本高爾夫走向了本土化。在第二次世界大戰結束前，飛速發展的日本高爾夫已經成為上層人士的必備生活方式。截至一九四〇年，全日本境內共有七十一座球場，打球人口接近十一萬人。此時離格魯姆和他的第一座球場只過了三十多年，這樣的發展速度只能用「驚人」二字來形容。

但是，打高爾夫球畢竟是有錢人玩的事情，即使在二十世紀五十年代，一套球具外加一堆球的成本就差不多相當於一個普通工人的全年工資。所以在很長一段時間內，高爾夫只是日本政治家和企業老闆、高官們的高雅運動，一般人只能望球興歎。

直到二十世紀八十年代，日本進入經濟高速發展時期，同時也出現了經濟泡沫。日本的這一時期，與現在的中國有許多的相似。一些城市精英走進了球場，這些城市精英不只是企業家和官員，還有不少企業的管理人員，甚至是女性白領。當這些上班族開始成為中產階層，也拿起球桿結隊出行時，日本高爾夫開始了大眾化的進程，其中女性的比例達到了兩成。

女性對高爾夫突然產生的濃厚興趣被稱為是一個時尚陰謀。高爾夫產業給時裝品牌和時尚雜誌投入了大量資金，直接瞄準那些連推桿都不知道是甚麼的日本年輕女性。他們把高爾夫包裝成與優質男人浪漫邂逅的必要手段，這樣女孩們就不得不去買一套套全新的可愛衣服。日本市面上甚至出現了以指引女性高爾夫穿着為唯一內容的專門雜誌。

我與日本國會議員山本先生聊高爾夫球問題。山本先生是從二十二歲開始打高爾夫球的，那年他大學畢業後，被分配到一家國際商社工作，從事糧食的進口業務。日本的糧食和農副產品百分之六十五以上都是依靠進口，因此，山本先生經常需要跟歐美國家的客商打交道。他說：「一到休息日，這些客商就去打高爾夫球，不跟他們一起玩，往往感情上難以溝通。」於是，山本開始自己學打高爾夫球，剛開始時，在公司附近的練習場裡打，稍微有些把握後，開始跟着這些客商一起去球場打。山本說：「與客商一起打高爾夫球，不僅可以增進相互之間的友情，更重要的是，許多生意都是在打球時相互的調侃之中達成協議的，高爾夫是日本人與歐美人交往的融合劑。」

在山本三十五歲時，一個偶然的機會陪一名自民黨的元老打球，這位元老喜歡上了山本，一定要山本作為他的接班人參加國會議員的競選。結果在第二年，山本繼承了這位政治大佬的票田，當選為眾議院議員。此後，他就憑藉自己的球藝混入了政治大佬的圈子裡，如今當上了中央省廳的政務官。

可以說，你要在日本政壇裡混，不會打高爾夫球，一定會失去許多成功的機會。日本首相安倍就很清楚這一點。

在特朗普剛剛宣佈當選為美國新總統、還沒有走進白宮時，安倍就帶了一套鍍金的高爾夫球桿來到紐約，親自送到特朗普的手中，並告訴他：「不要在駐日美軍的經費問題上對日本施加壓力。」這套高級球桿似乎很起作用，特朗普從此就沒有再提要求日本增加駐日美軍費用承擔的問題。不僅如此，安倍與特朗普每見一次面，都要一起打一場高爾夫球。二〇一七年，特朗普第一次訪問日本時，一下飛機，就坐了直升機飛到東京北部郊區的埼玉縣的高爾夫球場，兩人打了一個下午的球。兩個人球打得越多，日美同盟的關係似乎也越來越緊密。這是安倍最感到自豪的。只是安倍首相自己也沒有注意到，他送給特朗普的那套日本國產的球具，它的老闆早已經悄悄地換成了中國人。

安倍首相送給特朗普的球桿，是日本本土的品牌「HONMA」，漢字寫作「本間」。二十世紀五十年代，本間兄弟開設了第一家高爾夫練習場，並負責修理球桿，後來慢慢演變成生產和製造，使用 HONMA 球桿的選手在日本高球比賽中屢次獲勝，因此口碑越來越好。過去半個多世紀，HONMA 在高爾夫球具行業中有着尊貴的地位，是全球頂級高爾夫品牌之一，也是日本民族工業的驕傲。

HONMA 球桿堅持純手工打造，以精工細作為本，每名工藝師都不斷傳承前輩的精湛手藝與創造力，特有的高技術含量的製造與研發，賦予球桿極為精確的運動性能。日本人把匠心精神最大限度地用於高爾夫球桿的製作上，令日本的高爾夫球具在世界上佔據了重要的位置。

中國有不少高爾夫新手選擇球具，大多是選擇美國的大牌子，如泰勒梅、卡拉威。但是，這些所謂的大牌子球具，不少都是在發展中國家生產加工的，有時會發現球桿的硬度不適合，桿頭的觸球感覺比較差。所以，日本人買球具大多會選擇像 HONMA 這樣國產的球具，因為日本國產的球具更適合亞洲人的身材。

文章讀到這裡，大家一定會問一個問題：中國人到日本打球是否可以？我在二〇一八年已經接待了五批來自中國的高爾夫球愛好者。大家的夢想，是在富士山腳下打一場高爾夫球。其實那個球場也是安倍首相經常去的球場，臨時去打一場球，價格也不貴，一般是三萬日元（約一千八百元人民幣）。如果在一般性球場打的話，有的以小時計算，每小時二千日元左右，也就是一百二十元人民幣一小時，與中國價格不差上下，有的比中國的球場還便宜。

因為日本的高爾夫球場邊上，大多有溫泉酒店，因此打了一天的球，泡一泡溫泉，然後吃一頓日本美食，已經成為不少中國中產人士來日本打高爾夫的選擇。

日本人演戲為何要戴面具

能劇，日文中念作「NOU」，「能」具有才能或技能的意義，能劇在日語裡的意思就是「有情節的藝能」。能劇是一種結合了舞蹈、戲劇、音樂和詩歌等的舞台美學表演，是日本最具有代表性的傳統藝術形式之一，也是世界上現存最古老的專業戲劇。

能劇的產生可以追溯到八世紀，隨後的發展又融入了多種藝術形式，如雜技、歌曲、舞蹈和滑稽戲等，今天已經成為日本最主要的傳統戲劇。十世紀後，中國散樂的輸入，促進了日本雜耍藝術的發展。到十二世紀末，每逢宮廷舉行祝賀儀式或各大寺院、神社舉行法會，都要舉行演藝大會，在此基礎上就產生了一種帶有一定情節的歌舞劇——猿樂能，後簡稱為「能」。在民間，農民慶豐收時也舉行藝能表演，稱為「田樂能」。到十四世紀初，全國出現許多能劇團，他們一般都有貴族的贊助，並在寺廟、神社和節慶場合巡迴演出。京都一帶出現了四大劇團，其中以「結崎座」劇團勢力最大。

十四世紀，有一位出色的戲劇作家兼演員觀阿彌，將猿樂改革成為能樂，他創設的表演形式基本上被沿襲至今。

室町幕府倒台之後，能樂得到軍事領袖豐臣秀吉的贊助。十七世紀，能樂成為德川將軍一家的官方財產。到了明治維新時期，能劇在一批優秀的藝術表演家的執着堅持以及不少貴族的贊助下，得以繼續發展下去。

今天，人數不多但是非常熱忱的觀眾繼續支持能劇，相當數量的業餘愛好者通過交納歌舞學費繼續支持能劇的發展。日本有專門的國立能樂堂來定期上演能劇。而不少著名的表演藝術家獲得了「人間國寶」的稱號，在政府的資助下繼續弘揚這一傳統的戲劇藝術。

能劇表現的是一種超現實世界。其中的主角是以超自然的英雄化身形象出現的。由他來講述故事並完成劇情的推動，加上伴奏唱念及奏樂，構成了一部高雅的音樂劇。

能劇的最大特徵，是演員戴面具表演，面具是能劇中一個非常特殊而又關鍵的道具，有一個

專業的名稱，叫「能面」。

能劇的面具基本上分為五類：老人、男人、女人、神以及妖怪，五類之中又各有變化，用於同一個角色的面具也有不同的等級。面具上所繪的面貌也較為風格化，同一面具還可以表達多種情緒，如歡樂和悲傷的情緒都可以通過一個面具來表現。可以說，能劇的面具將人活生生的表情全部否定掉了，將人物的內心逼真地刻畫在假面「臉」上，而不再有其他表情，這既是「無表情」又是包括了喜悲美醜等的「無限表情」，在這種對立統一的關係中，能劇也就產生了不一樣的美感。

能劇面具對於能劇表演者來説是十分重要的，他們表演時穿的衣服、襪子等都可以給人看，唯獨面具像珍寶一樣放在鋪上錦布的木盒中，別人不可以隨便看。

能劇即將上演的時候，由於表演時穿的衣服十分寬大，需要別人幫忙穿，假髮也需要別人幫忙戴好並繫好，但是面具絕對要表演者自己戴上。他們相信，一個面具是獨一無二的一個角色的靈魂，不能讓別人侵犯。戴面具的時候，表演者會小心翼翼地從木盒中取出面具，兩手捏着面具的兩側，把面具的正面對着自己的臉，説：「我要演你了。」這是千百年來的傳統，每個能劇表演者在表演前都會這樣做。説完，就小心翼翼地把面具反過來戴好。

作為一項完善而獨立的戲曲藝術形式，能劇的演出有其一整套規範的要求。演出的舞台、服裝、角色、道具、劇本和最為核心的展示過程的表演等，都有其獨特之處和自身的講究。

能劇的舞台簡潔而有特定分工，本身就是藝術品，它由正台、後座、地謠座、橋廊四個部分組成。正台是主要的表演場地，是一個類似亭子的正方形建築物。

能劇的舞台沒有幕，舞台上唯一的一堵牆，也是唯一的背景，就是後座盡頭畫有一棵松樹的板牆，叫作「鏡板」，俗稱「松壁」，所有的劇都用這個背景。地謠座，又稱為「右廊」，在正台的右側，是突出於台柱之外的一道窄廊，能樂中的合唱隊一般安排在這裡。後座和地謠座總體來説是為演出服務的場所。

整個舞台很開放，觀眾在任何角度都能很好地觀看表演。舞台上的陳設也極為簡單，通常而言，極少同時出現兩個以上的道具，而這少數的一兩個道具也都各具風格。

與能劇光禿禿的舞台形成鮮明對比的，是能劇鮮豔奢華而又不落俗豔的演出服裝。服裝色彩豔麗，圖案考究，多半為絲質，精工刺繡。由於穿着十分複雜，演員穿戲服通常需要二至三人協助。這套行頭，再加上某些演出中還要戴上紅色或者白色的假髮，舞台上的視覺效果可想而知。

與多數戲劇角色眾多的特點不同，日本能劇的角色比較少。一般一齣戲只有兩三個演員表演。在能樂的表演中還存在着「間」的角色，他們的作用是幫助觀眾了解故事背景，並使劇情順理成章地過渡，他們只道白而不歌舞，所以被稱之為「狂言」，類似於我們中國京劇中跑龍套的角色。

能劇的腳本叫「謠曲」。謠曲是日本最早的表演戲曲劇本，它有對白，也有唱詞；唱詞大多引用自日本的和歌或漢詩。謠曲的文體兼用韻文和散文，對白部分都是散文，這些散文很講究節奏，劇本所採用的語言均為中世紀時的口語，都具有高度的語言藝術水平，是日本古典文學中的瑰寶。

能劇在今天的日本社會中遇到的最大威脅，就是年輕人對古老戲劇失去了興趣。為了喚起年輕人對能劇的興趣，在動畫片《奧特曼》第三十七集中，奧特曼和巴扎拉斯星人的戰鬥場面就是通過能劇這種形式來體現的。在二〇〇三年名偵探柯南劇場版《迷宮的十字路》中，兇手西條大河也是戴着能劇表演用的面具來遮住自己的面容犯案，殺死盜賊團伙的成員，妄圖佔有寶物。

二〇〇一年五月，聯合國教科文組織公佈世界第一批入選《人類口頭和非物質遺產代表作名錄》名單，日本的能劇就已經成功入選。日本政府也已經把能劇列入「文化財產」之列，「人間國寶」們從此得到了全方位的保護。

那麼，日本的能劇與歌舞伎有甚麼區別呢？

區別還是很大的，能劇是日本最古老的戲曲，誕生於京都，至今已有九百多年的歷史。歌舞伎是在江戶時期興起的市民藝術，距今才有三百年歷史。歌舞伎與能劇有個很大的不同，就是觀眾對象和地域的不同。歌舞伎發源的中心是江戶，也就是現在的東京，而能劇則誕生於京都。能劇的觀眾以前大多數是貴族，而歌舞伎的觀眾大多數是一般的市民。

能劇的演員是戴面具的；但歌舞伎的演員臉上是化妝的，大多數時候男性角色臉部化妝越白，表示這個角色的身份越尊貴。由於是市民藝術，歌舞伎的地位以前遠沒有貴族藝術的能劇那麼高，但受眾範圍和受歡迎程度卻比能劇高。所以就生命力而言，現在歌舞伎已經超過能劇，可以說是日本傳統藝能的代表。

日本人怎樣過中秋

有朋友問我，日本人過不過中秋節？我說：「過啊。」中國有許多的傳統習俗依然在日本社會保留着，比如端午節、七夕節、盂蘭盆節等。可以說，日本是保留中國傳統文化和習俗最好的國家。甚至有些傳統習慣在我們中國已經消失，但是在日本依然保留着。

中秋節過的是農曆八月十五，日本雖然在明治維新時期已經開始使用西方的公曆，但是過去了一百五十年，至今還保留着中國農曆的計時習慣，只是日本不叫「農曆」，而是叫作「舊曆」。

中國二〇一八年的中秋節是九月二十四日，日本的中秋節也是九月二十四日。只不過，同樣是過中秋節，中日兩國的方式有許多的不同，內涵也不一樣。

在我們中國，中秋節的習俗，據説起源於三千多年前的周朝，固定於一千三百多年前的唐朝。

周朝是中國歷史上繼商朝之後的第三個王朝。在《周禮》一書中，我們第一次看到了對「中秋」這個詞的記載。後來貴族和文人學士也效仿起來，在中秋時節對着天上的明月觀賞祭拜，寄託情懷。這種習俗就開始從宮廷傳到民間，形成一個傳統的活動。到了唐代，這種祭月的風俗更受人們重視，中秋節才成為固定的節日，《唐書．太宗本紀》當中，就有「八月十五中秋節」的記載。

日本從中國輸入文化，大多是在唐朝。當時，日本先後派了十幾批派遣唐使來到中國，學習中國的政治、科學和文化，其中也把中秋節的習俗帶回了日本，並一直保留至今。

但是，現在的日本人過中秋與中國人過中秋，有兩大不同。

第一，中國人過中秋節講究「吃」，也就是要吃月餅。但是日本人過中秋節講究「供」，也就是祭月亮，吃是次要的。

第二，中國人過中秋節，必須吃月餅。不吃月餅，就意味着沒過中秋節。但是日本人過中秋節，不吃月餅，吃白麵糰子。

我想，祭天、祭月亮應該是過中秋節的本意。你想想，當自己沐浴着明月之光，抬頭仰望夜空中一輪皓月，是甚麼感覺？一定會有一種神聖的感覺。所以，感謝月亮之神賜予我們美好的時光，應該是古人過中秋節的初衷。

祭拜月亮之神自然要有供品，於是就產生了月餅。也就是說，月餅首先是用來供的，供完之後才可以吃。而我們現在很少有人知道這個含義，把中秋節整成了一個「送月餅、吃月餅」的日子。

日本人應該是保留了唐朝時最原始的過中秋節的習俗，所以，日本的中秋節首先是從祭供月亮開始，把中秋節變成一個供養神明保佑五穀豐登、家庭幸福美滿的節日。

那麼，日本中秋節祭供月亮的供品有哪些呢？主要有三種，白麵糰子、蘆草和白麵小白兔。日本人說，白麵糰子看上去就像圓圓的月亮，而蘆草是守護着作物和子孫繁榮的月亮神的信物。除了白麵糰子和蘆草之外，還要擺放一隻用白麵做的小白兔。這三件寶是不是出現在中國祖先的菜單中，不得而知，只是感覺很正兒八經。尤其是把白麵糰子與蘆草放在一起，多少有一些「蒼月」之感。

白麵糰子的擺設有特別的講究。白麵糰子必須準備十五顆，象徵八月十五之夜。十五顆的擺放，底層是九顆，中間一層是四顆，頂層是二顆。

除了白麵糰子和蘆草這兩樣東西之外，日本人還會供上去皮後的芋艿。

中秋時節，正好是芋艿的收穫時節，去皮後的芋艿，白白淨淨，就像天上的明月。所以，一家人團圓在一起，中秋之夜吃芋艿料理，也是日本人過中秋節的一道很有象徵意義的名菜。

那麼，日本人為甚麼在中秋節不吃月餅，而是吃白麵糰子呢？理由很簡單，日本沒有中國那樣的月餅。或者說，中秋節這一習俗在唐朝從中國傳入日本時，還沒有現在這樣的月餅，只有白麵糰子。

這一說法是有根據的。

日本平安時期，也就是中國的唐朝，有一篇文章叫《新猿樂記》，裡面就寫到，遣唐使從中國帶回來一種糰子，這種糰子是將稻米浸水之後搗碎，然後做成圓形的東西用火蒸熟，叫糰子。古代日本人把這種糰子叫作唐糰子，也就是說，是從唐朝傳過來的糰子。

日本盛產稻米，很少有麥子。因此，客觀環境也使得日本做不出中國那樣的月餅，而是一直使用稻米磨成粉做成白麵糰子。

現在的日本社會，把唐糰子取了一個更為美麗形象的名字，叫月見糰子，就是看上去像月亮一樣的糰子。

雖然中秋節的習俗早在一千三百多年前就已經從中國傳入了日本，但是基本上在皇宮貴族社會中流行，真正在民間開始流行並成為一個固定的傳統習俗是在江戶時代，也就是中國的清朝。據説一個很重要的原因是明朝滅亡時，大概有五萬多明朝的臣民漂洋過海逃到了日本，那種「舉頭望明月，低頭思故鄉」的情懷使得他們在中秋之夜帶着「國破家亡」的悲情，舉行祭祀活動，讓日本社會原本就已經擁有的八月十五賞月的習俗，開始在民間流行起來。

江戶時期，東京花柳街有了一種八月十五喝花酒的習俗，叫「半月」。也就是説，農曆八月十三的晚上，藝伎們招呼男人們先到花柳街玩一次，這叫「賞半月」。到了八月十五之夜，男人們再到女人的地方去喝點花酒，叫「賞滿月」。日本人從古到今做生意就是這般精明。由此也可以理解，為甚麼「情人節」到了日本就分成二月十四日的「女人情人節」和三月十四日的「男人情人節」。一個東西分成兩片，生意也就變成了兩回。

日本人過中秋節，最熱鬧的不是家裡，而是神社。在八月十五這一天，日本各大神社都會舉行賞月晚會，叫「祭月」。晚會上會表演傳統的歌舞，比如巫女們表演嫦娥奔月。因此，許多人都會去神社參加祭月活動，觀看歌舞表演。

德島縣的德島市每年都在中秋節這一天舉行「明月與阿波舞」的大型表演。日本古都——京都的許多著名寺院，每年也都要在這一天舉行賞月會，除品茶之外，還給參加者分發月見糰子。

二〇一七年中秋節期間，我在東京成田機場坐飛機時居然發現候機樓大廳的正中央擺着一個很大的中秋節的祭台。在異國他鄉看到「中秋節」的影子，我頗為震撼。祭台用金箔塗抹的「金屏」圍起來，中間擺放着一大束秋日的鮮花。鮮花前，供奉着一盆雪白的月見糰子，邊上放着用竹籃裝起來的紅薯、柿子和板栗。祭台上還有一塊用日文和英文書寫的說明書。

說明書的大意是：舊曆（農曆）八月十五的滿月之夜，供奉蘆草、農作物、月見糰子等物以表示對於豐收的感謝，這是日本傳統的儀式。在古代，到了中秋之夜，賦詩吟唱是中國貴族們的一種遊藝活動。平安時代（中國唐朝時）傳入日本後，在室町時代開始形成了賞月的習俗。

我感歎日本人會在日本最大的航空港最中心的位置，擺上這個祭台，這不僅告訴世界各國的遊客，中秋節就要到了，這是日本的節日。同時也告訴人們，這一中秋習俗來自於近鄰——中國。

不管如何，我們中國人在日本，中秋節還是喜歡吃月餅，而不是月見糰子。

那麼在日本，哪裡可以買到中國月餅呢？在橫濱、神戶、長崎的中華街都可以買到。像橫濱的一些中國老飯店，還可以自己製作月餅。

在東京的話，可以去池袋車站的北口，那裡有許多中國食品店，應該也可以買到月餅。另外，還可以去銀座或新宿的中村屋，中村屋是日本最有名的糕點作坊，是日本最早做豆沙麵包的公司。他們在中秋節期間，也生產少量的中國月餅，但是我看到的只有紅豆和五仁這兩種。大家如果特別想吃的話，可以去銀座的中村屋買，就在三越百貨公司的對面。

社會規則

日本企業為甚麼不太喜歡碩博生

對於許多日本人來說，四月是新年的開始。首先是因為日本的財政年度是從每年的四月一日開始到第二年的三月三十一日結束。正因為如此，日本許多公司的決算，也是到三月三十一日結束，四月一日開始。

真正讓日本的普通民眾感知到四月是新年開始的是，日本的學校教育制度。因為日本大中小學都是四月上學，三月畢業。

四月伊始，東京街頭最濃烈的色彩，不是櫻花的粉紅色，而是黑藍色。為甚麼是黑藍色呢？因為大學畢業之後新參加工作的年輕人，無論男女，都穿一套黑色或深藍色的西裝，這似乎是日本社會多年來的一種規矩。所以在東京街頭，看到一群穿着黑藍色西裝，手拎公文包的年輕人，都是四月一日進入公司工作的大學畢業生。

日本社會有一個有趣的現象：一般的企業和政府機構都不硬性招收碩士生和博士生，除非是研究機構和大型跨國企業。多數企業認為，年輕人讀完大學本科，已經有了一定的專業知識，足以參加工作，具體的工作經驗是需要在工作環境當中培養起來的，而不是在學校裡面可以學到的。正因為日本社會有這麼一個普遍的認識，所以，從中央機關招收國家公務員到一般的企業招工，對年輕人沒有學歷要求，只要大學畢業，就可以應聘。

正因如此，日本百分之九十五以上的大學生在大學三年級會開始找工作，而不是想着去讀研。因為在日本還有一個觀念，讀研的學生都是想當教授或者去搞研究當工程師、當學者的人。非科技研發性企業，不怎麼喜歡接受碩士或博士畢業的年輕人。一方面企業認為，讓這樣高學歷的年輕人去從事一般性的工作，是對知識的浪費；另一方面企業也認為，高學歷的年輕人，往往會眼高手低。

看到這裡，許多中國留學生一定擔心：那我在日本讀完碩士研究生，豈不是找不到工作了？事實也並非如此，不少高大上的企業還是希望招收外國的碩士、博士畢業生，以作為開拓國際市場的後備軍。

日本社會是一個講究論資排輩的社會。因此，大學畢業生參加工作進入公司之後，一般都比較謙虛，而且必須謙虛。因為日本社會有嚴格的先輩與後輩之分，你的同事比你早進公司一年，就是你的先輩，你得尊重先輩，乖乖地聽先輩給你的吩咐指導，而不能表現出我比你懂的架勢。

對於剛剛走出校門參加工作的年輕人，日本社會還給他們取了一個綽號，叫「新米」。就是剛剛收割上來的新米，還來不及加工。正因如此，對於剛剛錄用的新員工，公司往往會把他們派到基層部門或第一線去鍛煉。工廠的話，一定是派到車間，從打掃廁所開始幹起。如果是搞銷售的，就從跑客戶開始。

我這幾天，辦公室的門已經被年輕人敲開三次，都是穿着黑色西裝的年輕人，恭恭敬敬地給我遞上一張名片，然後遞上他們公司的資料，說一句：「我是剛參加工作的新人，請多多關照。」最後，一定要向我討一張名片。我問他們，為甚麼一定要我的名片？他們回答說，討到多少張名片，就意味着你跑了多少家公司，回去必須交賬。

所以，日本大學畢業生參加工作，直接進入公司總部的還是比較少的。你必須去基層或一線鍛煉，然後憑自己的業績與能力，再一步一步地往上爬，最後爬到公司總部，成為公司的棟樑之才。因為實戰經驗比學歷更重要。

所以，日本多數企業更願意招收大學本科畢業生，而不會刻意招收碩士研究生、博士研究生，因為學歷並不等於能力！

日本大學生都找哪些公司就職

「日本的大學生找工作，都找哪些企業？」

日本的人才中介公司 **Recruit** 就上述問題，對東京大學、早稻田大學等日本知名大學二〇一七年三月畢業的學生的就職單位進行了一次調查。發現年輕人最期望進入的企業有兩大類：一是大型國際商社，二是製造企業。

我們來看看日本大學生就職企業人氣排行榜：第一位是三菱商事，第二位是三井物產，第三位是伊藤忠商事。這三家都是日本赫赫有名的國際大商社。第四位 **JR** 東海鐵道公司，就是經營從東京到大阪新幹線列車的鐵路公司。第五位是住友商事，第六位是丸紅。這兩家也是國際商社。第七位是豐田汽車公司，是日本製造業的代表。第八位是東京海上日東火災公司，是日本最大的財產保險公司。第九位是三得利公司，是做威士忌酒和飲料的公司，它在大學女生中的人氣排名第一。第十位是三菱地所，是日本最為老牌的商業地產公司。

從這份就職人氣企業排行榜上可以看出，前十名企業中，商社佔據了一半。而從就職的志願人數來看，有百分之三十五的大學畢業生期望進入商社工作，在以東京為中心的關東地區，這一比例更是高達百分之四十四，可見商社的人氣度是最高的。

日本年輕人為甚麼喜歡進入國際商社工作呢？主要原因有三個，一個是國際商社的舞台大，它在全世界各地都有分支機構和營業所，業務遍佈世界各地，是一個國際化程度很高的職業。還有一個原因，國際商社涉及的領域廣，適合各種專業的大學畢業生工作，因此對於年輕人來說，舞台大，領域廣，發揮自己才能的機會也就更大。另外一個原因，是國際商社相對來說，工資要比一般的企業高，三十歲左右的員工在一般企業裡，月薪只有三十萬日元左右（約一點八萬元人民幣），但是在國際商社裡工作的話，月薪可以達到五十萬日元（約三萬元人民幣），甚至更多一點。這是國際商社備受年輕人喜愛的一個很重要的原因。

但是進入國際商社之後，中途跳槽離職的比例也很高，為甚麼這麼好的單位還有人離開呢？

原因在於國際商社的加班是無窮無盡的，因為世界各地時差的關係，許多時候業務上的聯繫是黑白顛倒，所以加班到深夜十點在國際商社是正常的事。因此，有不少人討厭這種生活，最終選擇離開。

從人氣企業排行榜的前三十位來看，以豐田汽車公司為代表的日本製造企業，是大學畢業生最願意去工作的第二大人氣行業。

索尼、日本電氣、松下等最具代表性的電子製造型企業以及許多鋼鐵重工業、汽車製造業等企業，都是日本年輕人渴望進入的企業。

日本的製造企業為甚麼如此受年輕人的歡迎，原因在於日本一直是一個強調「技術立國」的國家，把製造業看成是一個國家的根本，所以製造企業在日本社會備受尊重。如果你是在豐田汽車公司、索尼公司或者是三菱重工工作的話，大家都會對你肅然起敬，認為你能夠進入這樣的大公司，一定會是一個很好的工程師，是一位優秀的技術專家。對技術的尊重，也導致日本年輕人對製造企業的尊重。所以學理工科的，很自然地會去投身於製造企業。

日本社會有一點比較好，就是父母對孩子的人生期望並不是那麼高，只要孩子喜歡，做甚麼工作都可以。找對象也不一定非要大公司好單位，只要有穩定的收入，人品好，就可以。因此，大學畢業生的就業範圍相對來說比較廣泛，從大企業到小企業，甚至有些年輕人願意從東京去小城市工作。

日本的大學畢業生創業的比例很低，因為創業需要資金、經驗、人脈，而這三大要素，都是年輕人最缺乏的。因此，我們很少聽到日本的大學畢業生走出校園後去創業辦公司，基本上都是先工作，慢慢地培養工作經驗，以後再尋找機會。相對來說，日本年輕人對於金錢與財富的慾望並不強烈，更多的是希望自己過一種平淡的生活，因為當老闆需要承擔許多的企業責任與社會責任，而這些責任並不是許多年輕人能夠承擔和願意承擔的。

只有十三名學生的偏僻小島小學是甚麼樣

有一句話，叫作「再窮也不能窮教育，再苦也不能苦孩子」。

這句話說起來很容易，但是做起來很難，因為不僅需要錢，還需要一顆真正為孩子、為國家的未來謀利益的真誠之心。

我去了日本的一個小島——沖島，這個島位於日本最大的淡水湖——滋賀縣琵琶湖的中心，是日本唯一一個有人居住的湖中島。整個島只有一點五平方公里，上島必須坐船。這個島的居民只有二百七十人，但是，居然有一所十分漂亮的小學校——近江八幡市立沖島小學校，總共有十三名學生，其中島上學生是二人，其他十一名學生都是從島外慕名前來入學的。

這是一所甚麼樣的小學呢？這所小學創建於一八七五年。一八七五年是中國光緒皇帝即位的元年，距今已經有一百四十三年的歷史。目前的木結構校舍誕生於一九〇九年，也已經快一百一十歲了，但是依然十分的結實。有幾代人在這個學校裡讀過書？島民們告訴我，他們的爺爺的爺爺的爺爺都是從這個小學畢業的，算起來至少有七代人。

這所小學學生最少的時候，只有六名。但是就這麼一個小島小學，看看都有哪些設施設備？

一、擁有電子化的教室，不僅有電子黑板，還有投影儀，五十二英吋的大屏幕電視機。
二、擁有一個室內體育館和室外運動場。
三、擁有一個五十米長的標準游泳池。
四、擁有六台顯微鏡和一台高倍天文望遠鏡的科學實驗室。
五、擁有鋼琴的音樂教室。
六、擁有一個五千冊藏書的圖書館。
七、學校邊上還有一個小小的農場。

就這麼幾個學生，居然配備如此齊全的現代化教學設備，是不是有點浪費？答案只有一個字：「不」。因為根據《日本教育法》，公立小學的設施設備的配置，必須做到全國統一標準。也就是說，大城市小學有哪些設施設備，偏僻的農村和海島小學也必須配置同樣的設施設備，不能因為農村的孩子少，就省略一個。

不僅是設施設備，教師的配備也必須是按照各學科的標準實施，所以這所目前只有十三名學生的小學，有四名教師。這些教師是不是都是臨時工？校長告訴我，這裡的每一位教師都是大學畢業擁有國家教師資格的正式教師，都是根據市教育委員會的調配來島上工作，一般工作三至五年，有的教師已經在這所小學工作了十幾年。

日本政府規定，日本的小學都要給學生們提供午餐，必須給予孩子們充分而均衡的營養，讓他們健康成長。所以，這所學校有專門的營養師，還有孩子們的廚師，每天的菜單都是不一樣的；自然，還有食堂。

每年春天和秋天舉行學校運動會的時候，所有的島民都會來一起參加，給孩子們助威，因此每一次的學校運動會，都變成了島民運動會。幾代人一起讀過書的這所小學，是整個島上的教育中心、文化中心和娛樂中心，寄託了整個島上所有居民的一種人生記憶與夢想。

校長說，島上沒有汽車，只有三輪車，雖然交通有些不便，但是島民的生活富裕，無線網絡系統也十分暢通，與大城市沒有甚麼區別。整個學校的經費來自於中央政府和地方政府的雙重撥款，十分的充裕。教職員工的工資由都道府縣（即省級政府）負責發放，中央財政根據實際情況負擔三分之一。

日本是一個講究「公平教育」的國家，不管是城裡的孩子，還是鄉下海島的孩子，都有享受同等的受教育機會和受教育的權利，同時也享受同等的教育待遇。城裡的孩子有甚麼教育設施，鄉下的孩子也必須有甚麼樣的教育設施，缺一不可。而且日本沒有政府指定的重點學校。所以，「公平教育」在日本不是一句空話廢話，而是一個實實在在、受到法律保護的行動。

日本的「公平教育」還體現在教師對待學生的態度上。日本的中小學校禁止實施精英教育，所以沒有快慢班之分，也沒有尖子班，所有學生都在同一種班級裡面接受同樣的教育。至於自己想進一步去努力，放學以後可以自己花錢去校外的私塾參加各種補習，但是禁止教師收取學生或學生家長的錢後給個別學生開小灶，否則就會受到處罰。教師必須公平地對所有學生負責，不能有意偏愛或冷落某個學生。

同時，日本農村的孩子，只要願意，隨時可以搬到東京的任何一個地方去讀書，因為日本的戶口可以隨便遷移，戶口所在地的學校都有義務接納學生，哪怕是剛剛搬過來的學生。當然，東京的孩子們也可以到鄉下的學校去讀書，沒有任何的限制。包括外國人的孩子，「就近上學」是一個最基本的原則。

日本的小學也是六年制，兒童滿六周歲入學，十二周歲畢業，屬於義務教育階段。新學年四月開學，多數小學採用三學期體制，三學期之間分別為暑假、寒假和春假。

日本小學的教育目的是適應兒童的身心發展。《日本教育法》中，對於小學的教育目標，有如下的規定：

一、以學校內外的社會生活的經驗為基礎，使學生正確理解人與人之間的相互關係，養成合作、自主和自律的精神。

二、引導學生正確理解鄉土和國家的現狀與傳統，並進而培養國際協作精神。

三、使學生具有日常生活所必需的衣、食、住和產業等方面的基礎知識，並掌握基本技能。

四、使學生能正確理解日常生活所必需的國語，並形成使用國語的能力。

五、使學生能正確理解日常生活所必需的數量關係，並形成處理數量關係的能力。

六、培養學生科學地觀察和處理日常生活中自然現象的能力。
七、培養學生健康、安全和幸福生活所必需的習慣，並力求使學生的身心得到和諧發展。
八、使學生基本了解豐富的音樂、美術和文藝等，並形成相應的技能。

小學的教育課程由各學科、道德和特別活動三部分組成。教學科目包括國語、社會、算數、理科、音樂、圖畫、家政、體育。

那麼，小學道德教育包括哪些內容呢？有四項內容：

一、培養自身的道德素養。
二、理解他人。
三、了解自然，具有高尚的情操。
四、理解自己與團體、與社會的關係，鍛煉與人交往溝通的能力。

道德教育的目的，在於培養學生尊重他人，重視生命，為創造民主社會和國家的發展而努力，為促進國際和平做貢獻。但是沒有「愛國主義」四個字。

日本的《小學生守則》也非常具體，如放學必須走規定的路線，馬路上必須靠右行走，不許闖紅燈，遇到長輩老師必須問好等。

所以，日本的小學十分尊重學生的自主性和主體性，重視培養學生的集體意識和社會適應能力，建立良好的人際關係，讓學生學會尊重生命，形成善惡判斷力和規範意識，養成樂觀向上和頑強不屈的性格。

提高全體國民的綜合素質，是日本中小學教育的根本。我看到過一個數據，說是在一九三五年，我們中國的文盲比例高達百分之九十五，但是日本人初中畢業的比例已經達到百分之七十五。這是八十多年前中日兩國的教育差距，也是國民素質的差距。八十多年後，這個差距已經大大縮小，但是，差距依然存在。

日本現在依然實行學生的綜合素質教育，我們中國還保留着競爭教育。日本從幼稚園開始沒有小紅花、沒有優秀學生的評定，包括學校運動會都沒有個人項目，全是團體項目。削弱個人英雄主義色彩，強調集體主義和團隊精神，追求平等公正，不讓一個學生掉隊，是日本中小學的教育規範。雖然這種規範不利於激發學生的競爭意識，也不利於人才的精英化，但是，日本的島國文化決定了它始終願意遵循這個規範原則，而不願意引入競爭機制，破壞團隊精神。

日本的這種教育，是好是壞，各有立場觀點，難以準確評說。但是城鄉統一、全國統一的學校教育設施的配置原則，很值得我們中國學習。

日本的和尚為何能夠結婚生子

我有一位要好的日本朋友，名叫石原，東京郊外的千葉縣人。他在東京的一家貿易公司當部長，每天要坐一個半小時的列車上下班。石原個兒很高，有一米八左右，但是很精瘦，頭髮理得很短，看上去像個精幹的企業戰士。

石原先生的太太是一位很和藹的傳統型的日本女人，見過兩次面，說話永遠是細聲細語。兩個孩子都在讀大學，石原先生說，現在是自己最「壓力山大」的時候。

到了這個年紀，中日兩國都一樣。

有一次，我約他去居酒屋喝酒，他酒量比我好，喝了三杯生啤後，說要早點回去，第二天要做法事。我問他家裡遇到了甚麼不幸？他說：「不是，我要替人家去念經。」他這麼一說，嚇了我一跳，我問他：「你會念經？」他說：「我從小就會念經，我是和尚。」說完，從口袋裡掏出一張我從沒見過的名片，上面寫着「善光院住職」。日文「住職」的意思，就是「住持」「當家和尚」。

我無論如何難以將一位「貿易公司部長」與一位「當家和尚」聯繫在一起。石原先生說，「善光院」是祖傳的小寺院，已經有六百多年的歷史，傳到他手裡，他是長子，理應繼承，但是，寺院收入很少，要維持就必須出來工作，他大學畢業後，就邊做和尚邊工作。於是我問他：「日本和尚都可以結婚生子嗎？」他說，為了傳承。

不知大家有沒有看過一部日本的電視劇，叫《五時から九時まで》，中文翻譯成《朝五晚九》，也被翻譯成《帥氣和尚戀上我》。

這部電視劇是在二〇一五年播放的，著名影星山下智久扮演的男主角是一位三十歲的和尚大叔，他愛上了一位二十八歲滿懷少女之心的英文老師櫻庭潤子。

這部電視劇在日本上映後風靡亞洲。高學歷、高顏值、高收入的高富帥和尚俘獲了眾多觀眾的心，大家一邊欣賞，也一邊好奇地問：日本和尚真能結婚嗎？

其實，這個疑問由來已久。在我們中國人的心目中，做和尚有五戒。這五戒是：一不殺生，二不偷盜，三不邪淫，四不妄語，五不飲酒。以前我們看電影《少林寺》時，印象很深的一個畫面是小和尚出家受戒，老和尚給他講了出家人的「五戒」，最後問小和尚一句話「能持否？」小和尚的腦海裡浮現了自己相愛的女友，但是堅持說出了一句「能持」，於是受戒成了六根清淨的僧人。

但是，佛教傳入日本，這「五戒」好像不靈了，我們看到和尚基本上都結婚，而且還喝酒吃魚吃肉，就像我的朋友石原先生那樣，不僅工作還當部長。日本和尚為甚麼會變成這樣？

這件事，我們得從佛教傳入日本之後的演變開始說起。

六世紀，佛教從朝鮮半島傳到日本，在短時間內迅速發展。日本人民參與佛教熱情如此之高，倒不是因為都有「慧根」，而是當時日本的國家政策的鼓勵。那個時期，日本推行「大化改新」，系統性地向我們中國的唐朝學習，推行名為「班田收授法」的稅收制度。想法很好，但由於日本當時農業生產力不行，唐朝的稅率照搬到日本後一下子變得讓人難以承受，而敬崇佛教的推古天皇曾經下令僧人可以免稅，這麼一搞，覺悟不高的日本老百姓恨不得全體都出家了。到了八世紀，朝鮮半島的高句麗王國的使者訪問日本，看到的已經是「僧尼半天下」的奇觀。如此龐大的僧眾群體，濫竽充數者當然甚多，大量動機不純的「出家人」在寺裡喝酒吃肉，僧尼合宿，尼姑懷了孩子就回家待產，等餵完奶後就回來繼續念佛，這樣可以躲稅。

日本的禪宗和淨土宗是在宋朝時傳入日本的，而真言宗是在唐朝時，由日本和尚空海傳入。這些來自「中土上國」的宗派，在傳統意義上被分為「嚴肅佛教」，對於佛教的「五戒」採取的是嚴格遵守的態度。

但是日本後來派生出一個「淨土真宗」。「淨土真宗」是誰創立的呢？它的開山法師是鎌倉時期（中國元朝）的親鸞上人。

親鸞上人是何許人呢？資料顯示，親鸞的父親在宮中做官，母親是武士貴族源義家的孫女。按理說，親鸞也屬於官家豪族出身，但是當時正值日本處於動盪時期，頻繁的戰亂讓人人都以為世界末日即將來臨，無論是貴族還是官僚都過着朝不保夕的日子。於是年僅九歲，親鸞就被送進了京都青蓮院，成為了一名小沙彌。

親鸞的修行悟道過程頗為傳奇。據說親鸞在二十九歲時，在一次參禪中眼前突然出現了化身成救世菩薩的聖德太子的形象。聖德太子是日本歷史上一位偉大的君主，曾學習中國隋朝的律法，制定了日本歷史上第一部《憲法》。

聖德太子給親鸞留下了四句偈語：「行者宿報設女犯，我成玉女身被犯，一生之間能莊嚴，臨終引導生極樂。」

這四句偈語的意思是：如果修行者因為前世的因果報應，導致現世跟女人在一起，那麼就請把那位女性當作我的化身來對待，清淨莊嚴地度過一生，在死前我就會來引渡你前往極樂世界。

聽到聖德太子的這四句話，親鸞馬上娶了日本宰相（當時官名叫「關白」）的女兒。

然而好景不長，因為親鸞的恩師法然和尚設立「只管念佛」的淨土宗，遭到了當時日本佛教兩大勢力——京都比叡山和奈良興福寺的同時打壓。法然和親鸞分別被判流放。由於不捨得女兒也受流刑之苦，親鸞被宰相流放至新潟，並被迫還俗。在新潟，親鸞又娶了他的第二任妻子。

史料顯示，親鸞與兩任妻子間共生有四男三女。雖然過着流放的生活，但親鸞一直在新潟持續着佈道的生活，直到六十二歲才獲准返回京都。親鸞死後，他的小女兒覺信尼根據父親的思想創立了「淨土真宗」，在當時被稱為「本願寺教團」。

本願寺教團與其他佛教組織不同，由開山祖師傳下來的「結婚（妻帶）」制度，使得一族的血脈得以延續。到了第八代傳人——本願寺蓮如的時代，日本進入戰國時代，各地的豪族與傳統貴族之間爭鬥不斷，民眾苦不堪言，於是蓮如和尚藉機大肆宣傳淨土真宗的教義，形成了一股潛在的半農半兵的武裝勢力。

史料記載，虔誠的佛教信徒德川家康終結戰國亂世、開創江戶幕府時代之後，開始反思淨土真宗因為「結婚（妻帶）」制度惹下的大亂，覺得雖然要支持佛教，但是紀律還是要強調一下的。在整個江戶幕府時期，日本逐漸形成了一套嚴格的「檀家制度」，一方面佛教普及度在該制度下獲得了極大的提升，達到了「一村一寺」的程度，平民百姓婚喪嫁娶都要到當地寺院去辦手續；但另一方面，「檀家制度」要求各派寺院嚴持本門戒律，將軍本人都帶頭吃素，和尚娶媳婦甚麼的就別想了。當然，淨土真宗還堅持着自己的「妻帶」傳統，其代價則是被幕府想盡各種方式打壓。

在幕府將軍的扶持與規正之下，日本和尚規規矩矩地過了二百年的日子。但隨着德川幕府的倒台，風氣又為之一變。明治新政府上台後，極力扶持本土的神道教，打壓佛教。一八七二年，明治新政府頒佈了《肉食妻帶解禁令》，宣佈「僧人今後無論蓄髮、娶妻、生子、食酒肉，皆聽從自便」，但同時政府不再發放給各寺廟補貼。同年，日本政府追加了一條通告，僧侶的名字要與一般國民的名字一樣，國家不把僧侶當作特殊群體對待。

為了鞏固政府的《肉食妻帶的解禁》法令，明治政府還允許僧侶可以繼承，當破戒生子以後，孩子可以繼承父業成為日本職業僧侶。雖然日本佛教界起初對這條法令非常抵觸，但在長時間的國家嚴格法令管理下，對自己嚴格要求，作為一種修行的苦行僧，在管理放鬆後，很多僧侶高興於還俗娶妻生子，大口喝酒，大口吃肉。因此，日本的和尚都基本遵守了明治政府的法令，娶妻生子、喝酒吃肉成為日本僧侶（和尚）的一個獨特的標誌。當然，依然有很多僧侶堅持自我修行，堅守五戒。

我的朋友石原先生，就是在這樣的和尚家庭裡出生的。

正因為日本有不少的寺院由兼職和尚管理，因此進入二十一世紀，日本新一代的和尚弘揚佛法的點子也越來越花俏，有人把寺廟改建成摩登的建築，有人用計算機管理寺廟，更有人開起酒吧。最近日本「和尚酒吧」人氣越來越旺，吸引了大批國內外遊客。比如位於東京新宿區的「和尚酒吧」就很熱鬧。這家「和尚酒吧」自二〇〇〇年九月開張以來，知名度越來越高，上門的客人不僅有上班族、大學女生，還有許多慕名而來的外國客人。

和尚店長說：「當你人生彷徨苦惱時，請隨時到這裡來吐露心聲，我們都是可以讓你放寬身心輕鬆訴說的對象。」許多客人因此喜歡坐在吧台上，對着和尚吐露自己的心事和煩惱。

所以，日本寬鬆的傳教環境也使得佛教文化在這一島國代代相傳，香火延盛。

相比之下，我們中國的佛教恪守傳統，比日本清淨和嚴謹。

日本社會的小偷為甚麼那麼少

一卷衛生紙，在日本只賣三十日元，約合一點八元人民幣。三十日元在日本能幹甚麼？甚麼也幹不了，因為小朋友的一顆棒棒糖，也要賣八十日元。

但是，日本島根縣一位老大爺，就因為在廁所裡拿了一卷衛生紙，結果遭到警察的逮捕，罪名是「盜竊罪」。

激動之前，我先來跟大家聊聊到底是不是大爺得罪了警察？

日本新聞網九月十日報道說，島根縣隱岐島警察署發表消息，九月三日，一名六十四歲的男子進入當地的一家醫院廁所，偷走了一卷衛生紙。警方根據報警和廁所外面的監控錄像顯示，對這位男子進行了行李檢查，結果從他隨身所帶的包裡，發現了標有醫院名稱的衛生紙。

為甚麼衛生紙標有醫院的名稱？這是因為從二〇一八年六月開始，當地的酒店和醫院的廁所裡的衛生紙經常遭竊。警察接到報警後，為掌握證據，在衛生紙的內芯上標註了酒店和醫院的名字。結果這位大爺就這麼撞上了。

僅僅順手牽羊一卷衛生紙，而且盜竊的金額是微不足道的三十日元，教育一下放了吧？警察叔叔說，那不行，必須逮捕！

結果，眾人相求也沒用，大爺雙手被銬上手銬，押上警車，駛入警局，關進監牢。

老大爺偷衛生紙的故事，讓我想起了十幾年前在東京發生過的一起「盜竊案」。一位從大阪來東京出差的男性公司職員，出了地鐵站，發現手機沒電了。

因為急於和客戶聯絡，這位男子急得滿頭大汗。他看到一家餐廳，立馬跑了過去，希望能夠讓他充一點電。但是，店員拒絕了他。因為那時候，還不流行店裡的電源允許大家充電。

走投無路的他看到馬路邊有一台自動售貨機，售貨機的邊上就插着一根電線。於是他拔下了售貨機的電源，插上了自己的手機充電插頭。

不到五分鐘，保安公司駕車趕到，扣住了他。同時警察也趕到。這名男子沒有想到，東京的售貨機報警系統居然連着保安公司的監控網絡。

警察幫他算了一筆賬：你充電十分鐘，盜取的電力折合電費的話，是十日元（約零點六元人民幣），因此犯了盜竊罪。警察當場將這位男子作為現行犯逮捕。

這名男子大喊大叫：「我只是充了幾分鐘電，憑甚麼抓我？」

警察説了一句話：「偷盜不計金額，只看性質。」

這話是甚麼意思呢？就是説，日本警察認定「盜竊罪」，不是看金額，而是看性質。也就是説，定罪是定性質，而不是以金額大小來判斷。因此，拿了一卷衛生紙，充了幾分鐘的電，在超市裡拿了一個麵包（這種行為在日語中叫「萬引」），也許在一些人的眼裡，不算是甚麼罪，只是品質問題，教育幾句就算了，但是在日本，屬於正兒八經的「犯罪」。

那麼，這種盜竊罪該怎麼處理呢？

日本《刑事訴訟法》第二百四十六條規定，如果偷盜金額較少，又沒有前科，那麼適用於「微罪處分」，罰款十萬日元左右（約六千元人民幣）就可以釋放。但是因為是有罪被捕，這一犯罪記錄將跟隨其一生，影響你的就業、貸款、經營企業和婚姻，影響一生的信譽。

如果以前有過偷盜的前科，那麼，即使只在超市裡偷了一個麵包，被發現後，警察也會做出

「慣犯」的判斷，「微罪處分」已經不能適用，而是以實刑伺候——十年以下徒刑或罰款五十萬日元（約三萬元人民幣）。

日本有一個說法，一個人在超市裡偷了價值二百日元（約十一元人民幣）的三明治，被捕後進行司法處理，政府所承擔的處理資金，大約需要八百四十萬日元（約五十萬元人民幣）。

但是，政府為何願意承擔如此巨款來處罰輕微犯罪？就是為了建立一個人人守法的社會，體現「依法治國」的崇高精神。因為，法比錢重！

日本人為甚麼動不動就自殺

平時在東京坐地鐵上班，經常會遇到臨時停車。發生臨時停車的原因，往往是兩個：一是遇到了信號系統或車輛故障；二是遇到了「人身事故」。

「人身事故」在日語中就是這四個漢字，初看好像是交通事故，但是在日本待久了會知道，這四個字其實是在告訴你：「有人臥軌自殺了。」

日本是一個自殺率很高的國家。日本厚生勞動省公佈的二〇一七年全國自殺人數統計報告顯示，二〇一七年日本全國共有二萬一千三百二十一人自殺，其中，男性自殺人數為一萬四千八百二十六人，女性只有六千四百九十五人，也就是說，男性自殺人數高出女性約二點三倍。

這一數據告訴我們，日本平均每天有將近六十人用自殺結束自己的生命，而且絕大部分是男性。按年齡段來看，四十至六十九歲的中年自殺者佔了一半。看來人到中年，活得不容易。

雖然日本已經是連續八年出現了自殺人數減少的趨勢，但是，根據世界衛生組織的統計，日本的自殺率依然排世界第十三位。

一個人選擇自殺，是需要勇氣的；而一個人有勇氣自殺，說明真的是被逼得走投無路。那麼，日本一年有二萬多人自殺，自殺的原因有哪些呢？

日本警察廳的一份調查報告說，日本人自殺的原因主要有五個：第一是身體健康原因，佔到百分之四十六。第二是經濟問題與生活困苦，包括企業破產，佔到百分之二十四。第三是家庭與婚姻問題，佔到百分之九。第四是工作原因，包括單位的人事關係問題，佔到百分之六。第五是男女感情問題，佔到百分之二。

當一個人生病，尤其是得重病大病之後，心理會變得十分的脆弱，身體的各種病痛自然會引發心理的改變。雖然日本有很好的醫療救助制度，但是許多人還是覺得，因為自己的疾病連累家人，是一種添麻煩的事情。所以，選擇自殺既可以減輕自己的病痛，又可以減輕家人的精神與生活負擔。二〇一七年有一萬零七百七十八人因為健康原因而選擇了自殺，佔了自殺者總數的將近一半。其中也包括一些抑鬱症患者。

懷着「不給別人添麻煩」而選擇自殺的人中，還有相當一部分是因為公司破產或者經營不善，欠了別人錢而無法歸還，這一比例也佔自殺者總數的五分之一左右。前幾年，日本發生過這麼一件事，三位公司老闆是二十多年的好兄弟，而且還是生意伙伴，結果因為相互欠債，其中有一個人資金鍊斷裂，為了表示對朋友的歉意，他選擇自殺。自殺前，他向兩位兄弟告別，這兩人接到電話後，匆匆趕到這位朋友準備自殺的酒店，結果三人抱頭痛哭，喝完冰箱裡的啤酒後，三人選擇一起自殺。

這是一個比較極端的例子。經營者自殺的比例，這幾年因為經濟的好轉，有所減少，但依然是日本人自殺的第二大原因。

我在日本二十多年，最不可理解的是日本人的全家自殺。日語中有一個詞，叫「無理心中」。雖然是四個漢字，但是相信大多數中國人還是看不懂。其實這四個字，是「全家自殺」的意思。

在我們中國人的意識中，父母心中再苦，選擇自殺，也別連累孩子。一方面孩子還小，他們無辜；另一方面，孩子還有未來，説不定以後會很有出息。所以，自己可以走，但是要把根留下。

但是，日本人不這麼想，他們認為，父母不在了，孩子會很苦，沒有人照顧、養育他們，所以，為了避免孩子受苦，選擇把孩子一起帶走。

日本社會的離婚率也很高，這也意味着，日本夫妻之間吵架也是常有的事，甚至也有家庭暴力，也有人拿孩子出氣。所以，家庭與婚姻問題，是日本人自殺的第三大原因。雖然比例比較低，只佔百分之九，但是往往一死就死一家人，想想就覺得可憐，尤其是這麼小的孩子，被親生父母殺死，反映了日本社會殘忍的一面。

在公司裡，因為加班過多或者遭受上司、前輩的欺負，造成「過勞性自殺」，也是日本社會的一大弊端。雖然這一比例只佔自殺者總數的百分之六，但是因為這一問題備受媒體報道，造成的社會影響也最大。因此「過勞性自殺」問題，已成為日本社會改革勞動制度的一大理由。

電通公司是日本最大的廣告代理與宣傳公關公司，廣告業務佔了日本百分之二十五的市場份額，是許多大學應屆畢業生心目中的夢想企業。

電通的業務遍佈全球，由於業務性質與時差的關係，迫使員工們經常需要加班加點，深更半夜應對客戶需求。工資待遇應該來說在日本企業中算是好的，加班費也不少，因此，能夠進這家公司的人，不僅畢業的學校要好，同時行動能力要強，忍耐力要高。

二〇一五年十二月二十五日，年僅二十四歲的電通女職員高橋茉莉因為不堪工作壓力，在員工宿舍跳樓自殺。

高橋的自殺引起了整個日本社會的震動，不僅因為這名女孩長得漂亮，而且她還是東京大學畢業的才女，並且小時候隨同在北京工作的父母，在北京的一所中學裡讀過書，能講一口很標準的普通話。

好不容易進入電通公司工作，遭遇的是沒完沒了的加班，夜裡十點鐘能夠離開辦公室回宿舍已經是很幸福的事情。工作不到一年，她每個月的加班時間都在一百至一百三十個小時，曾有一次，連續工作了五十三個小時。節假日和週末加班已成常態。

她自殺前在推特上寫過一些留言。這些留言是這樣寫的：

「休息天加班，好不容易準備好的資料，竟然被批得一文不值，讓人身心疲憊。」

「除了想睡覺，我已經失去任何渴望了。」

「人生是為了活着才工作，還是為了工作才活着，我已經分不清楚了。」

「確定週六也必須到公司上班，我真的很想死。」

「面對明天的來臨，我都感到恐懼不已。」

在這樣的壓力之下，高橋小姐最後得了抑鬱症，就這樣結束了自己青春美麗的生命。

「高橋之死」成為日本社會與輿論鞭撻企業不顧員工死活、要求加班加點的一大批判材料。日本厚生勞動省也直接派出調查組進入電通公司調查，最後，電通公司社長被迫辭職，整個公司制定新規，下班關燈，禁止員工加班。但是員工們說，公司裡不能加班，只好把活拿回家加班。

雖然日本每年自殺的人數在逐年減少，但是青少年的自殺人數在增加。二〇一七年中，十九歲以下青少年的自殺人數佔到百分之二點七。

日本警察廳的調查報告說，這些孩子自殺的原因中，第一大原因是在學校裡遭到了同學的欺負；第二大原因是在網絡上遭到別人的攻擊侮辱；第三大原因是遭到同學、家人的冷遇與孤立；第四大原因是升學考試的失敗。

現在，網絡相約集體自殺的事件，也逐漸增多，自殺人數佔到日本自殺總人數的百分之二。在日本自殺網站的論壇或聊天室裡，經常能看到這樣的留言：

「我想死，但我不想自己去死，願意和我一起去死的人請回帖。」

「尋找四個一起自殺的伙伴。我有安眠藥和汽車，希望你有煤爐……」

這種網絡相約集體自殺的方式，二十世紀末期開始出現在一些西方發達國家。然而，這一現象如今在歐美國家已不多見，卻在日本出現「流行」的趨勢。

二〇〇五年三月，日本警方在栃木縣一個河邊發現了一輛汽車，車中有兩男一女三具屍體，死因是一氧化碳中毒。警方根據死者隨身攜帶的身份證件得知，其中一人是年僅十四歲的初中女生。在這位女學生的遺物中，人們發現了一封遺書，上面寫道：「我要去死了。我在網絡論壇上找到了一起尋死的同伴……」

在這個春寒料峭的晚上，三位花季少年把車門縫隙封好，用一根繩子拴住彼此的手腕，點着事先準備好的煤爐。蜂窩煤不完全燃燒產生的大量一氧化碳，使密封的汽車成為一個小型「毒氣室」。這幾位孩子把一切都做得如此熟練，因為自殺的方式和過程在自殺網站上都有詳細的介紹——他們要做的，只是將這個過程實踐一次而已。

若干年之後，在距離這起事件案發現場五十公里的栃木縣日光市，也發生了一起集體自殺事件，三男一女被發現死在汽車裡，也是死於蜂窩煤的一氧化碳中毒。

我覺得，日本人動不動就自殺，除了一些疾病與感情因素、工作壓力等原因之外，還有一個很重要的原因，那就是民族個性的問題。

總體來說，日本人性格比較內向，而且比較內斂。遇到不高興的事或為難的事，不是找朋友、找家人傾訴出來，尋求大家的幫助，而是一味地忍受，生怕自己的事情給別人添麻煩。同時，做錯事情的時候，甚至遭到他人誤解的時候，不是進行解釋或者辯解，而是一味地責備自己做得不好不完美，口口聲聲喊「對不起」，把所有的責任攬到自己一個人身上，當自己扛不住的時候，就倒下了。

還有一點，日本人做事太認真，過於追求完美，結果給了自己太大的壓力。同時，對於自己的努力肯定不夠，自我表揚不夠，結果導致自信心喪失。所以，日本人有必要向中國人學兩招：第一，遇到誤解時，要理直氣壯地為自己辯解，第二，遇到困難時，要善於向親朋好友傾訴，不要一個人把一切痛苦悶在心裡，扛在肩上。

有一位中國留學生給我留言，說自己現在在日本面臨找工作的困境，壓力很大，有時候半夜裡會驚醒，睡不着。我對他說，要記住一句話：天塌下來，還有地。天下沒有甚麼大不了的事。退一步，海闊天空。所以，找不到理想的公司，先找一般的小公司也可以，不要尋求一步到位，那會讓自己扛不住的。

他回答說：「徐老師，我想通了，哪家公司要我，我先去幹着，以後的路，再慢慢走。」

這個孩子的心態調整，會讓他從巨大的壓力中解放出來，讓自己開始愉快輕鬆的生活。所以，我特別希望讀到這篇文章的留學生朋友們，一個人在海外留學生活本身就不容易，不要再給自己施加壓力。天生我材必有用，只是未到使用時。好好讀書，好好努力，一定會有燦爛的前程。

「援助交際」到底是怎樣產生的

「援助交際」這個詞發源於日本。最初的概念，是有錢的老男人每月支付一定的金錢去包養年輕的女人；或者有錢的老婦人包養年輕的小伙子。後來，由於中學生和大學生的參與，「援助交際」的概念逐漸地變成了「包養學生」。

「援助交際」在日文中，也是這四個漢字，這個詞包含兩層含義，一是「援助」，這個「援助」，包括經濟上的援助以及精神與身體的慰藉；二是「交際」這兩個字，既有陪玩的意思，更有陪睡的意思，也就是「身體的交往」。

在日本，「援助交際」的歷史是很悠久的，最初只出現在有錢的政治家和企業家與藝伎之間的故事裡。過去，日本有錢人很喜歡晚上找藝伎陪喝酒，一來二去，這些男人與藝伎就有了微妙的關係。二十世紀七十年代著名的首相田中角榮，就與藝伎生了孩子，並堂而皇之地認祖歸宗，這名藝伎也就發展成了田中角榮的小妾。

我在這裡，首先要說明日本藝伎文化的一個重要準則，就是「賣藝不賣身」。你如果跑到京都去，找了一位藝伎陪你喝酒，然後塞給她一點錢，問她「你願不願意跟我去酒店？」這樣會被當作笑話。因為藝伎如果會跟客人跑，那她就不是藝伎，而是妓女。

所以，日本招藝伎陪喝酒，必須是向藝伎館的主人，也就是媽媽聯繫；媽媽根據客人的信譽和經濟能力做出一個判斷：該不該送自己家的女孩子去陪這樣的客人喝酒唱歌？也就是說，客人直接約藝伎出來陪喝酒是不可能發生的事，客人如果不是媽媽熟悉的人，不管你多有錢，也是會被拒絕的。

所以，藝伎館的遊戲規則，就類似於不是會員制的會員制俱樂部。

那麼，像田中角榮這樣的人物為甚麼最後會把藝伎搞到手呢？這個遊戲規則是這樣的：一旦客人看上了哪位藝伎，想包養她，就必須向藝伎館的媽媽提親，媽媽根據你的情況做出是否同意的判斷。如果她覺得你有地位、有信譽、有相當的經濟能力，她會同意，然後跟你談價錢。據說在二十世紀七十年代，京都一名藝伎一年的基本包養費是三千萬日元（約一百八十萬元人民幣），還不包括購買和服和胭脂粉以及日常開支所需要的費用，一般一年需要五千萬日元（約三百萬元人民幣），而當時我們中國人的基本月工資是三十元人民幣。

藝伎一旦被某位男人包養，就好像出嫁了一樣，在包養期間，必須忠心耿耿地服侍好自己的主人，而不能三心二意。

「包養藝伎」的事情，對於一般的日本工薪階層，是一種可望而不可即的「天方夜譚」般的故事。因此在過去，這種事情只是上流社會男人的遊戲，還沒成為一個普遍的社會問題。

真正意義上的「援助交際」行為，出現在二十世紀八十年代中後期。這個時期正是日本泡沫經濟最為鼎盛的時期，銀行的錢多得貸不出去，普通的公司白領和企業藍領也因為加班工資多得沒地方花，於是想到了找女人，也就是出現了「泡妞」的社會現象。

助推這種「泡妞」問題發展的社會基礎，是電話的普及。二十世紀八十年代，日本家家戶戶普及了電話，尤其是在城市裡，公用電話亭五十米一個，成為城市現代化的一大標誌。而電話亭裡貼滿了「介紹女朋友」的小廣告，讓男人們找到了一個直接聯繫女孩子的渠道。於是，「援助交際」行為開始在日本流行起來。那些與藝伎們沾不到邊的男人們，也終於找到了自己的天地。

最初的時候，參與「援助交際」的日本女性多數是公司小白領，或者是待在家裡沒事的家庭主婦。但是到後來，開始有學生，尤其是高中女生，甚至是初中女生開始參與。「援助交際」由「包養」發展到「散養」，最後發展到變相的賣淫。

最初報道高中女生參與「援助交際」問題的是日本的《朝日新聞》。一九九四年九月二十日，《朝日新聞》在晚報上報道了東京高中女生「找爸爸認乾女兒」，參與「援助交際」的社會問題。

當時日本社會高中女生的「援助交際」問題有多嚴重？一九九六年十月，東京都政府相關部門針對東京五千五百名女中學生所做的問卷調查結果顯示，高中女生回答「有過援助交際經歷」的比例為百分之四點四，而初中女生的比例為百分之三點八。另外，日本財團法人「亞洲女性和平國民基金會」在一九九七年十月，針對東京首都圈九百六十名女高中生所做的一個問卷調查結果也顯示，有百分之五的女孩子回答自己有過援助交際的行為。

那麼，「援助交際」問題到了現在這個階段，日本還存不存在？二〇一五年十月，聯合國人權委員會特使布基契奧在日本進行了一次調查後發表了一份報告，說日本有百分之十三的女中學生從事過援助交際，但日本政府馬上站出來說：這份報告是失實的，並因此向聯合國人權委員會提出了抗議。

事實上，現在日本的「援助交際」已經發生了很大的變化。首先是因為網絡的發達，使得日本出現了許多交際網站。尤其是 LINE 的普及，使得老男人尋找學生妹、老婦人尋找學生的渠道變得更為便捷和多樣化。LINE 的主要功能還只停留在個人交流平台上，因此，LINE 在日本有一個不好的名聲，那就是它是一個援助交際的工具。手機代替固定電話，使得援助交際變得更為隱秘，許多父母根本無法察覺自己的女兒在外面跟男人們混。

另外，日本社會也出現了年輕女孩子，包括高中女生反過來「找爸爸」的新的援助交際現象，這種現象，被稱為「逆向援助交際」。尤其是單親家庭中成長的女孩子，或是一個人遠離父母在大城市裡讀書生活的女孩子，更需要一位父親般的男人呵護她。所以，主動地尋找老男人做爸爸，而不需要一分錢的純情交際，成了日本社會的一個新問題。

富士山到底屬於誰

富士山是日本人心目中的「聖山」，是日本民族的象徵。富士山也是我們每一位到日本旅遊的朋友最想看一看，也最想攀登一下的山。不僅因為這座山是日本最高的山，同時也因為富士山的山體呈現標準的等腰三角形、優美勻稱的斜坡，加上常年不化的白雪，使得富士山成為大自然美麗的化身。所以，能夠以富士山為背景留一張影，是許多人的願望。

富士山距離東京約一百千米，標準的高度是三千七百七十五米。自古以來，這座山的名字就經常在日本的傳統詩歌「和歌」中出現。日本詩人曾用「玉扇倒懸東海天」「富士白雪映朝陽」等詩句來讚美它。

富士山是世界上最大的活火山之一，目前處於休眠狀態，但地質學家仍然把它列入活火山之列。自七八一年有文字記載以來，富士山共噴發了十八次，最後一次噴發是在一七〇七年，也就是中國的清朝康熙四十六年。所以，日本的地震專家預測，富士山有可能在未來幾十年再發生一次火山噴發。不過，日本氣象廳在富士山和周圍地區安裝了各種地震與火山活動監測儀，一旦有火山活動的跡象，就會發出預警。所以，如果大家去登富士山，不用擔心富士山會突然爆發。

我跟成都藝術城的王強總裁聊日本的時候，他問了我一個問題：「富士山是屬於誰的？」這個問題還真的把我問倒了。我馬上去查資料，發現富士山在一九四五年之前是屬於日本皇室的土地。但是日本投降之後，以美國為首的聯合國軍剝奪了日本皇室的許多財產，其中包括富士山。所以，你如果去問日本人：「富士山是屬於誰的？」日本人一定會說：「是屬於全體國民的。」但是，事實上，富士山的一部分不是屬於全體日本人民的，而是私人所有。這一部分在哪裡呢？是在最為關鍵的山頂部分。這個私人是誰呢？是富士山下的一家神社，叫「淺間神社」。

日本全國有「淺間神社」一千三百家，而總本山，也就是大本營是富士山腳下的這一家。據說，富士山最早是屬於德川家康將軍的。一六〇六年，德川家康把富士山送給了淺間神社。明治維新之後的一八七一年，日本推行土地國有化，把富士山也佔為國有，事實上就是皇室所有。但是，淺間神社一直抗爭，直到第二次世界大戰結束，日本政府才將富士山的一部分土地還給了淺間神社，但是山頂部分一直不肯還給神社。一九七四年，日本最高法院做出判決，判國家歸還淺間神社山頂部分的土地。但是日本政府還是賴着不還，一直拖到二〇〇四年，日本財務省才正式將八合目以上的土地正式認定為是淺間神社所有的私有土地。所以，我們如果登富士山頂的話，其實是進入了私人領地，不過神社沒有在山頂收門票，雖然一年有三十萬人登上山頂。

富士山地區，春季櫻花盛開，夏季山風習習，秋季紅葉滿山，冬季白雪皚皚。山周圍各種植物多達二千餘種，是一個天然大植物園。

富士山到底屬於誰？其實還沒有最終說清楚，因為日本人自己也常常說不清楚。有機會不妨去問問日本人：「富士山是屬於哪個縣管理的？」絕大多數的日本人一定會說：「山梨縣。」但是，靜岡縣人聽了絕對不會樂意，因為靜岡機場的宣傳資料上寫得很明白：我們的機場位於富士山腳下，在飛機降落時，能夠看到雄偉的富士山。

為甚麼山梨縣和靜岡縣會為「富士山到底屬於誰」的問題而打架呢？原來富士山的北面屬於山梨縣，而富士山的南面則屬於靜岡縣。但是因為富士山的大部分景點和登山道都在山梨縣，所以人們的印象中富士山屬於山梨縣管轄。

富士山的北面山麓有五個湖，從東而西為山中湖、河口湖、西湖、精進湖和本棲湖，統稱「富士五湖」，其中以山中湖最大。湖東南的忍野村，有通道、鏡池等八個池塘，總稱「忍野八海」，與山中湖相通。河口湖在五湖中交通最為方便，湖中有一個小島，是富士五湖當中僅有的有島之湖，如果你要看富士山倒影的話，河口湖是最為美麗的。

富士山不僅僅是自然奇觀，同時也是不少日本人崇敬的聖地。日本神道教的信徒們認為富士山是通向另一個世界的門戶，因此每年有幾百人走進富士山腳下的原始森林，結束自己的人生。

二〇一三年六月，第三十七屆世界遺產大會批准將富士山列入《世界遺產名錄》。那麼，日本是如何管理這座世界文化遺產的呢？

山梨縣和靜岡縣兩縣政府共同制定了一系列的登山限制時間。首先規定每年的七月一日為「開山日」，開山期為兩個月，從七月初到九月十日。想攀登富士山頂的遊客，只允許在這個時間段裡登山，其餘的時間，只能走到五合目，也就是半山腰，不能攀登山頂。其次，是設定了一個長達半年的封山期。從冬季的十一月初到第二年的五月中旬，屬於冬季封山期，任何車輛不能進入登山車道，也不可以進入五合目，只能在山下遠望富士山。靜岡縣和山梨縣政府實施如此嚴格的封山制度，一方面是為了保證遊客的安全，另一方面是為了保證富士山景區的環境不被破壞。

大家知道，日本是一個嚴格管理垃圾的國家。但是，由於全世界的遊客和登山者湧入富士山，以及一些附近居民的非法傾倒，使得富士山成了一個垃圾場。在其森林裡的落葉和泥土上，丟棄着各式各樣的垃圾，包括建築垃圾、被損壞的辦公傢具、廢棄的家用電器（如破損的微波爐及已經生鏽的舊冰箱等）。在攀登山頂的道路上，也有不少的塑料瓶、易拉罐和其他生活垃圾。定期對富士山進行清掃工作的一名負責人說：「我們找到了各種家庭垃圾，從破損的電視機到其他家用電器。有時候，還會發現一些有毒物品，比如已經泄漏的廢舊汽車電池。」

定期為富士山進行清理工作的「富士山俱樂部」負責人說，一年中他們共收集了大約八十五噸非法丟棄的垃圾。每年，大約有數百萬來自世界各地以及日本國內的遊客到富士山旅遊、度假，這對當地的環境造成了很大壓力。早在二十世紀九十年代中期，富士山當地的自然保護團體和官員曾請聯合國教科文組織的官員對富士山申請加入《世界遺產名錄》進行非正式評估，但結果並不理想。據悉，對垃圾和廢棄物的管理不善是其中一個原因。

為了保護富士山的環境，減少垃圾造成的負面影響，日本人於一九九八年成立了「富士山俱樂部」，定期對這裡的垃圾進行清除。如今，這個俱樂部已經發展到一千一百名會員。儘管如此，富士山的垃圾問題還是很嚴重，垃圾傾倒問題也很難完全禁止。

「富士山俱樂部」的一名官員說：「人們來到這裡，沿路偷偷扔垃圾是很容易的。」為解決這個問題，當地政府安排了特別巡邏員、設置了監控攝像頭。但這顯然還無法從根本上完全杜絕垃圾的產生。

為了強化對富士山環境的管理，靜岡縣和山梨縣政府從二〇一四年前開始，向每名遊客徵收一千日元（約六十元人民幣）的「富士山保全協力金」，也就是登山門票。但由於這一收費不是強制實施，而是遊客自願繳納，結果有一半的遊客不肯掏腰包，這令當地政府感到十分頭疼。

日本人做甚麼事情，似乎都很有危機意識。他們覺得，如果不保護好富士山的環境，總有一天，會被聯合國教科文組織摘掉「世界自然遺產」的帽子。因此，他們否決了在富士山景區內建設登山小火車的建議，更是禁止周邊的城鎮和農村修建現代化建築和設施，同時對於修建別墅群也進行了嚴格的限制。就連現在人氣鼎盛的古村落「忍野八海」，也禁止任何的擴建，原來怎樣，現在也必須怎樣，最多只是增加了幾個停車場。

「絕對維持原貌」，成了當地政府保護富士山、管理富士山的基本原則。

到了富士山景區，最美妙的享受，就是泡在露天溫泉裡看富士山。富士山腳下有幾百家這樣的溫泉旅館，你住在其中，既可以享用富士山特有的地方美食，比如溪水烤魚、山菜野菇，又可以體驗日本的鄉村文化。對於人與自然的美好融合，你在富士山景區可以得到很好的感悟。

特別提醒：由於從東京到富士山沒有直達的列車，因此，去富士山景區最好的辦法，是在東京的新宿車站前的長途汽車站坐直達富士山景區（山中湖）的旅遊大巴，既便宜又快捷。

日本人為何不相信舶來品

我們中國人總體來講，還是比較崇尚歐美文化的。因此，不管是不是適合自己，去歐洲的話，都會去買一些名牌服裝和包包回來。

但是，往往是拿回來以後才發現，意大利時裝要不就是太肥，要不就是袖子太長。而法國巴黎的化妝品，抹了以後也並沒有讓自己的皮膚有太大的改變。原因是甚麼？很簡單，那就是歐洲人的體型和皮膚與我們中國人不同。

但是，當你來到日本，在東京的百貨公司裡買了時裝和化妝品後會發現，時裝很適合自己的身材，化妝品也比較適合自己的皮膚。為甚麼？道理也很簡單：日本人的身材和皮膚與中國人是一模一樣的。也就是說，日本的時裝和化妝品也是為中國人量身打造的。

其實，西裝也好，化妝品也好，都不是日本人發明的。那為甚麼日本能夠生產出適合日本人身材和皮膚的產品呢？因為日本人學會了「改良」和「提高」，它對舶來品不是一味地迷信和追崇，而是進行嚴格的審視，一旦發現不適合自己，就會毫不猶豫地進行改造，直到做出令自己滿意的產品。日本人對舶來品的改造，已經到了一個極致的地步，凡是從海外傳入日本的商品，幾乎都被日本人動了「手術」。只要不符合日本的口味和審美標準的商品，都逃脱不了被抬上「手術台」的命運。

這就是日本人的一種「狂」，而這種「狂」的背後，隱藏着對於本國文化和技術的自信。

英國有個著名的時尚品牌，叫「Burberry（巴寶莉）」，這個極具英倫風情的品牌，已經有一百五十八年的歷史，也是英國皇家的一個御用品牌，尤其是巴寶莉的風衣、包包和香水，以其奢華、品質和創新，成為享譽世界的經典產品。無論是英國女王還是查爾斯王子，包括以前的戴安娜王妃，都喜歡使用巴寶莉的產品。

在二十世紀七十年代和八十年代，日本也經歷了跟我們中國現在一樣的出國潮。那時候，日本經濟出現了騰飛，大型噴氣式客機也紛紛投入市場。於是大批的日本人跑到歐洲去旅遊，早早地起床在名牌店門口排隊，為的是購買一款夢寐以求的名牌時裝或包包。當他們興高采烈地背着這些名牌商品回國之後，發現一個很大的問題，就是這些服飾很不適合日本人穿着，因為規格不一樣，身材也不一樣。同時，以日本人的眼光來看，他們還發現這些世界著名的品牌，無論是材質還是款式，尤其是製作工藝，都比不過日本。

於是日本人開始動腦筋，如何在保持這些世界名牌價值的同時，實現商品的本土化。日本有家服裝設計生產企業，叫「三陽商會」，它與巴寶莉公司協商後，獲得了巴寶莉產品的開發企劃和生產銷售代理權。

結果日本人發現，在日本生產的巴寶莉服飾還有包包，要比正宗的英國生產的時裝和包包還好。一方面很符合日本人的審美，同時也很適合日本的身材；另一方面，他們覺得在日本生產加工的這些產品，做工更為精細，面料也更為考究。

很快，位於銀座八丁目的日本巴寶莉專賣店門庭若市。最先注意到日本產巴寶莉的，是深受英倫文化熏陶的香港人。前幾年，來自中國大陸的遊客也開始擠滿了上下六層的銀座巴寶莉專賣店。我也去這家專賣店買過風衣和西裝，還有襯衫，跟店長聊過，說百分之六十的顧客都是中國人。

日本自己設計生產的巴寶莉產品，受到日本和中國消費者的熱烈追捧，大大衝擊了英國正宗的巴寶莉產品在日本的銷售。於是在二〇一五年，英國巴寶莉總部決定收回三陽商會的日本商標代理授權，使得我們現在已經買不到日本生產的巴寶莉產品了。

前幾天，我去東京家附近的超市買菜，發現了從美國進口的可口可樂，但是一看價格，發現這些美國正宗的可口可樂，每罐的價格只有八十日元（約五元人民幣），而在日本生產的可口可樂，它的價格是一百二十日元，比正宗的美國可樂高出四十日元。

按照我們常規的想法，美國生產的可口可樂是最正宗的可口可樂，而且還是原裝進口，理應價格更高。但是日本人偏偏不信這一套，反而將正宗可樂實行低價銷售。為甚麼日本人會如此貶低正宗的可口可樂呢？原因在於，正宗的可口可樂不適合日本人的口味和健康理念。

可口可樂是在一九五七年開始在日本生產的。這之前，日本人喝了從美國進口的可口可樂以後發現兩大問題：第一是碳酸含量太高；第二是糖分太多。於是，可口可樂的配方送到日本後，得到了改良，降低碳酸的濃度，同時削減含糖量。所以，各位讀者有機會來日本的話，可以在自動售貨機或者在二十四小時便利店、超市買一罐日本產的可樂試一試，和中國的可樂比較一下，是不是不一樣。

最近幾年，日本可口可樂公司又推出了全世界獨一無二的無糖可樂和減肥可樂。雖然日本版的可樂不正宗，但是日本就是不怕賣不出去，並且敢於挑戰正宗權威，只生產適合日本人口味要求和健康的產品。所以，日本人在可口可樂問題上，其做法超出了「改良」的範疇，已經開始對世界頂級品牌進行本土化改造。

同樣被改良的還有我們的中國菜。中國菜傳到日本以後，日本人也進行了改良。所以在日本，對中國菜有兩種叫法：一種叫「中華料理」，另一種叫「中國料理」。「中國料理」指的是中國廚師做出來的純中國風味的菜，比如小雞燉蘑菇、酸菜白肉等東北菜；麻辣豆腐、乾辣椒雞塊等四川菜。這些菜都是完全按照中國人的傳統口味來製作的。但是許多日本人對這些正宗的中國菜並不十分喜歡，比如說麻婆豆腐，日本人能接受辣，但是大多數人不喜歡麻，也就是說，你可以放辣醬辣油，但就是不能放花椒。幾年前，我曾經帶一個日本企業家代表團訪問成都，成都市政府舉行了一個歡迎宴會，給每位日本人上了一小碗正宗的麻婆豆腐，結果半夜裡有五個人送醫院掛鹽水。除了長期住在中國的日本人外，一般的日本人的胃裡是難以裝進花椒的。

所以，在日本人經營的中華料理店裡去吃飯，你點一份麻婆豆腐，端上來的絕對是一盤辣豆腐，而根本不是我們中國人概念中的麻辣豆腐。

「中國料理」變成「中華料理」，最典型的是在橫濱中華街。那些牌子很響、歷史很久的中國飯店，裡面做出來的中國菜都已經日本化。東西只是一點點，樣子很好看，吃的時候還要自己放醋或者蘸醬油。但是日本人覺得這樣的中國菜比較適合他們的胃口，也適合日本人分餐制的飲食習慣。所以大家到日本想吃中國菜，最好不要一看到「中華料理」的招牌就跨進去，因為往往會很失望。

日本對於舶來品的不信任，不僅體現在一般的日常生活用品當中，還體現在它的武器裝備上。日本航空自衛隊目前擁有的六十多架 F4 戰鬥機，已經使用了近半個世紀，亟待更換。日本政府為此決定進口最新的隱形戰鬥機 F35，以替換 F4 戰鬥機。大家知道，F35 戰鬥機是目前世界上最先進的戰鬥機，也是美國空軍和海軍所使用的主力戰機，它具有很好的隱形功能，日本已經訂購了六十架。但是，日本在簽合同時，提出一個很明確的要求，就是日本買的六十架 F35 戰鬥機當中，前五架是原裝進口，後五十五架全部在日本組裝。

日本為甚麼要自己組裝 F35 戰機？除了提升自己航空工業水平之外，還有一個很大的目的，就是將戰鬥機上的一部分核心的零部件進行更換，換上日本獨自研發的技術和產品。尤其是換上美國還沒有的一些尖端的電子儀器設備，以提高 F35 戰鬥機的性能，甚至不排除機體材料也換上日本自己研發的碳纖維，用來降低能耗提高續航能力。所以你會發現，再過幾年，在日本上空飛行的 **F35** 戰鬥機，美國版和日本版會是不一樣的。日本相信，經過自己改裝過的 **F35** 戰鬥機，它的各方面性能一定會超過美國。

日本這種對舶來品的改造由來已久。在二十世紀五十年代和六十年代，他們從美國引進了許多的家電產品，包括電視機、洗衣機和微波爐，還有自動清洗的馬桶蓋。但是日本在引進這些產品以後，不是進行盲目的仿造，而是拆開以後研究它的結構和特性，然後提出一個如何改進和提高的方案，並進行全面的改進。也就是說，日本生產的同類產品要比美國原裝進口的產品，技術更先進，款式更新穎，性能更完備，他們進行的是一次再創造。正因為如此，日本的家電產品從二十世紀八十年代開始的三十年間，佔領了整個世界市場。相反地，美國的家電產品卻一直走不出國門。而支撐日本對美國研發的產品進行再創造的，是日本獨自研發的尖端技術和獨特的工業美學。

一百五十年之前，日本開始明治維新，實行全面的改革開放，甚至也引進了西方的議會制度、教育制度和經濟制度。第二次世界大戰後，美國文化又再一次衝擊日本社會，但是直到現在，日本還保留着許許多多固有的傳統文化，比如歌舞伎、和服、茶道，還有許多的風俗習慣和傳統規矩。

這說明，日本作為一個島國，有根深蒂固的保守一面。但是，我們也看到，日本人對於本國文化和本國技術的一種自信與自豪。就如日本許多食品特地打上「日本國產」的標籤一樣，「日本製造」令日本人多一份安心。

如今，我們不少企業從日本手中購買了眾多家電生產工廠，能不能在日本現有的產品和技術基礎上進行新一輪的再提高、再創造，打造出一個中國版的世界品質，是我們邁向世界製造業大國的一個關鍵。

反對美軍基地的沖繩縣知事之死

沖繩縣知事翁長雄志走了，是在二〇一八年八月八日夜晚。

胰腺癌，從發現到去世，僅僅三個月的時間。

再發達的日本醫學，也未能留住他的生命，人生最終定格在六十七歲。

日本的縣知事，充其量是一個省長，在四十七個都道府縣中，只是四十七分之一。但是，翁長知事的離去，震動了日本列島。

因為他是一位堅定的反對美軍基地的領袖，也是一位與安倍政府唱反調的叛逆者。

「翁長」是一個很奇怪的姓，據說只有沖繩才有。有人說他的祖上來自中國，他獲得的「福州榮譽市民」的稱號，就是為了尋祖上的根。

面對外面的傳言，翁長先生沒有吭聲。他對台灣好，因為來沖繩旅遊最多的海外人群是鄰近的台灣人。而他當選縣知事之後，又兩度訪問北京，與中國領導人會見，期望推動沖繩與中國的交流與合作。因此，有人罵他是「中國的走狗」，尤其是在釣魚島問題還十分敏感的時候。

翁長先生出生於一九五〇年，從小是在美軍佔領的土地上長大的。他在沖繩讀完小學到高中，在沖繩回歸日本前一年，翁長先生拿着美屬琉球政府護照到東京的法政大學留學。一九七五年畢業時，他的護照變成了「日本國」。但他沒有留在東京，而是回到了沖繩，他喜歡把沖繩叫作「琉球」。

翁長先生的父親，在二十世紀五十年代當過沖繩縣真和志市市長。他的哥哥，在二十世紀八十年代當過沖繩縣副知事。按照沖繩人的說法，翁長出生在一個政治世家，他當過那霸市議員、沖繩縣議員。二〇〇〇年開始，他當了整整十四年沖繩縣政府所在地的那霸市市長。二〇一四年，他通過競選，當選為沖繩縣知事。

有人說，翁長當知事，全靠反美軍。

確實，他的競選綱領中，第一條就是「關閉撤銷美軍普天間基地，強烈要求美軍撤回魚鷹運輸機。要通過各種手段，阻止美軍在邊野古地區建設新基地」。

結果，翁長先生以最高票當選知事。沖繩人說，這麼多年來，終於有了一位能真正替沖繩人說話的知事。

翁長知事反對美軍基地的立場，並非政治噱頭，而是他作為沖繩人的真情。他說過這樣一段話：「日本的安全保障問題，是全體日本國民需要考慮的問題，不能把負擔全壓在沖繩人身上。全國百分之七十的美軍基地放在沖繩，是阻礙沖繩經濟發展的最大障礙。與美軍基地同步發展的緊急振興政策，會給沖繩的未來留下一大禍根。」

在他的前任簽字同意在邊野古海岸建設新的美軍基地之後，翁長先生一上台就明確表示堅決反對建設邊野古基地。甚至在沖繩縣警察部隊驅趕抗議民眾時，他出現在抗議現場，與每位抗議者握手，一起舉起「NO」的抗議牌。他還公開警告美軍和日本政府：「總有一天，我會取消邊野古海岸的填埋許可證。」

翁長知事自然成了安倍政府的「眼中釘」。勸降不成，安倍政府大幅削減了中央財政對沖繩縣的補助。翁長沒有被嚇到，直接跑到東京的首相官邸抗議。結果，安倍首相躲得遠遠，派了內閣官房長官菅義偉聽他抗議。

翁長先生有一個夢，他要把美軍基地全部趕出去，把沖繩變成日本與中國、日本與東南亞國家之間的物流中轉樞紐。而美軍繼續盤踞沖繩，不僅外國人難以前來投資，同時因為空域受到美軍的管制，貨運飛機公司在那霸機場建設物流中心也受到很大的制約。所以，他發自內心地想着，為了沖繩的明天，一定要阻止日本政府和美軍建設邊野古新基地。

二〇一八年五月，翁長知事突感身體不適，去醫院檢查後，居然發現是胰腺癌，而且已經是中期。

手術後在住院的日子中，翁長知事暴瘦，一位英俊的男子一下子變成了骨瘦如柴的老人。當天出現在電視屏幕上時，沖繩人驚呆了，連遠離沖繩的日本本土的人們也開始擔憂起來。

但是，翁長先生堅持上班。七月二十七日，他在沖繩縣政府大樓舉行記者會，再次表示：「美軍基地的存在，作為沖繩的政治家，是無法容忍的！沒有理由要把美麗的邊野古海灣填埋！」

聽完他的話，在現場的幾位沖繩縣政府幹部哭了，因為大家知道，這也許是他最後一次主持記者會，因為最後他是扶着講台邊走下來的。

十天後，翁長知事在醫院裡閉上了雙眼。陪伴他走完人生最後一程的副知事說，最後一刻，他是緊閉着嘴走的。

在翁長知事去世後的第三天，沖繩舉行了反對邊野古基地建設縣民大會，翁長知事原定出席大會並發表講演。大會組織委員會決定在主席台上放一把椅子，椅子上放一頂翁長知事最喜愛的藍色草帽。

因為藍色，象徵邊野古蔚藍的海灣。

日本大牌影星的演出費是多少

日本著名作家渡邊淳一的女兒渡邊直子，最近拍攝了一部電影——《不管母親多麼嫌棄我》。這部電影講述了一對母子的故事，兒子從小被母親遺棄，但是成年之後開始尋找母親，最後化解與母親的恩怨，一直照顧母親到去世。

這部電影的主演是日本著名女影星吉田羊，她也是日本目前電視廣告出鏡率最高的一名演員。在這部電影中，吉田羊扮演了母親光子。

我問渡邊直子，整部電影的拍攝耗費了多少錢？她不肯明說，只是表示，他們很窮，省吃儉用。後來我了解到，這部電影的整個製造經費，估計沒有超過一千萬元人民幣。那麼像吉田羊這樣著名的演員，在這部電影中的出演費，就可以知道一個大概，因為日本一部電影製作費中，演員的報酬一般只佔到百分之二十到百分之三十。

我們在聊吉田羊的演出費之前，先來聊一聊日本培養演員的途徑與體制。

說起來，大家可能不相信，影視業如此發達的日本，居然沒有一所培養專業演員的電影學院。也就是說，日本的演員都不是從大學裡培養出來的，所以在日本永遠沒有機會看到英俊少年與美少女們排隊報考電影學院的風景。

那麼，日本這麼多演員都是從哪裡冒出來的呢？第一是自己努力打拚出來的；第二是從「國民美少女」的選美中發掘出來的；第三是在馬路上被星探發現的；第四是從民間的演員培訓學校出來的。可想而知，這些演員的學歷是參差不齊，經歷也是千差萬別，但是有一樣東西是所有成功的藝人共同擁有的品格——打拚。也正因為這些演員的經歷與學歷的不同，因此也產生了許多個性派演員，每個演員不是憑臉蛋演戲，而是憑藝技求生。

演員這個職業，在日本是屬於一個時尚型職業。從十幾歲到三十幾歲，這是他們的藝術生命的青春期。日本百分之九十五以上的演員屬於藝人經紀公司，只有極個別的影帝、影后級別的一線演員，才有資格獨立出來，自己成立公司，包裝和推銷自己。

我們亞洲通訊社邊上有一棟小樓，是日本著名的藝人經紀公司傑尼斯的總部。傑尼斯旗下擁有二百多名藝人，其中有木村拓哉這樣的一線演員。這家公司的董事小野先生告訴我，公司要把一個初出茅廬的人培養成為一名藝人，一般來説，需要五至十年的時間。經紀公司每年要花很多的錢在他們身上，培養他們，推銷他們。但是這麼多藝人中，最後成名的往往只有五分之一，大多數人中途就會被淘汰。

所以，這些藝人在沒有成名或者沒有成為一線藝人之前，每個月領取的薪水是很低的，最低的五萬日元（約三千元人民幣），最高的也只有五十萬日元（約三萬元人民幣）。而當藝人成為一線著名演員以後，與公司的演出費分成基本上也是四六開，演員拿六成，公司拿四成。因為在藝人成名之前，公司已經付出了許多，平時還必須配備助手，公司分四成是行業規矩。

無論是電視台拍攝電視劇，還是電影公司拍攝電影，挑選演員首先是與大牌的藝人經紀公司交涉，由經紀公司來安排演員的檔期和商談出演費用。除了大牌影星的，一般的個人事務所是得不到這種演出機會的。因此，日本影星們即使已經紅得發紫，也不會擅自獨立出來。因為獨立之後，一方面，能不能得到演出的機會令人擔憂；另一方面，也會讓演藝界對自己產生忘恩負義的印象。所以，日本的演藝界始終保持一種良性的合作體制，同時也保持了一種高度的自律機制，不能違法亂紀和搞男女不倫關係鬧醜聞。像日本著名歌手兼影星酒井法子，就因為和老公吸毒，已經過去九年依然遭到演藝界的排斥，無法繼續登台演唱和拍攝影視劇。

聊完日本演藝界的遊戲規則，我們來聊一聊日本影星吉田羊的故事。吉田羊從小夢想當一名演員，高中畢業之後，就加盟一個小劇團客串小角色。因為劇團不僅沒有演出補貼，還要自己交學費，因此，吉田羊一直靠打零工維持生計。吉田羊不是一個十分漂亮的影星，但是瘦小的臉很有輪廓，是那種看過之後不會忘記的臉。

吉田羊靠邊打工邊參加演出，熬到三十歲，她的演技才被演藝界所認可，開始接拍電影和電視劇。二〇一一年，她出演了由蘆田愛菜和松山健一主演的電影《白兔糖》，還有由宮崎葵和堺雅人主演的電影《丈夫得了抑鬱症》，雖然不是主角，但是吉田羊的演技受到觀眾的稱讚，也因此開啟了她的成名之路。

在電影《不管母親多麼嫌棄我》的內部放映會上，我見到了吉田羊，個兒比我想像得瘦小。據說是為了維護形象而堅持節食。因為電影上的形象，由於鏡頭比例和視覺的關係，往往會比真人胖一些。

吉田羊如今是日本的廣告女王，二〇一七年接拍的電視廣告多達十六家企業之多，而二〇一八年也已經接拍了四部電影和電視連續劇。

那麼，像吉田羊這樣的頭牌影星，她單集電視劇的演出費報價是一百二十萬日元（約七萬元人民幣），單集電視廣告演出費的報價是三千五百萬日元（約二百萬元人民幣）。二〇一七年，她的總收入是四點七七億日元，折合人民幣是二千八百萬元，在日本成百上千的女影星中，年收入排名第三位。而這次拍攝電影《不管母親多麼嫌棄我》，演出費估計只有幾十萬元人民幣。

在日本，做演員是發不了大財的。二〇一七年，日本女影星中收入最高的是綾瀨遙，第二位是有村架純，第三位是吉田羊，第四位是石原里美，第五位是新垣結衣。

我們來看看她們全年的收入：綾瀨遙的推算年收入是六十五點五億日元，折合人民幣約三千八百三十萬元，其百分之八十的收入來自於出演廣告；排名第二的有村架純，年收約五十七億日元，折合人民幣約三千三百三十三萬；被認為是「嘴唇最性感影星」石原里美，年收入是四十三點八億日元，折合人民幣約二千六百八十二萬元；新垣結衣的年收入為四十三點五億日元，折合人民幣約二千五百五十八萬元；主演《外科醫生》的米倉涼子，年收入為二十九億日元，折合人民幣約一千七百零五萬元，排名第十位。

那麼，男影星中，大導演兼名演員的北野武年收入排名第一，高達十三億日元，折合人民幣是七千六百四十萬元。但是，北野武的年收入中多數還不是演出和導演的收入，而是每週主持電視節目的收入。而被稱為大笑星的石家秋刀魚，是現在擁有眾多電視節目的賣座藝人，二〇一七年的年收入也只有六億日元（約三千五百二十九萬元人民幣），排名第九位。排名第七位的中居正廣，是男子演唱組SMAP的台柱，也是十分走紅的電視節目主持人，他在二〇一七年的收入是七十二點五億日元（約四千二百三十萬元人民幣）。

這些影星年收入這麼高，但是，每年納税額是多少呢？超過一億日元的個人所得税的税率高達百分之四十，這是逃不掉的。為甚麼逃不掉？因為日本每位成年的公民，每個人必須每年向居住地的税務局申報個人收入情況，其中個人收入比較高的藝人和企業經營者，一直是税務局注意的目標。由於日本個人收入信息實現了全國聯網，因此，税務局很容易查到藝人的收入情況。比如電影公司支付給藝人一千萬日元的演出費，藝人自己還沒有申報，電影公司就已經將這筆支出報給了税務局。電影公司如果隱瞞不報的話，就只能做假賬，一旦被税務局查出，那麼公司就會面臨全國通報加罰款，嚴重的話，公司法人會因此被捕坐牢。

在日本，偷税三千萬日元（約一百七十萬元人民幣）就要被捕，即使補交也要判刑。因為在追求公平的社會裡，依法納税不僅是每位公民的義務，也是一個基本的社會道德。逃税與偷盜別人的東西一樣，對於每位日本人來説，都是很大的醜聞。尤其是日本大公司，一旦傳出偷稅漏稅的醜聞，不僅是股票暴跌，更會因此被認為是沒有社會責任感與道德心的企業，企業信譽與形象也會遭受重大損失。所以，日本人和日本企業一般都不敢也沒有勇氣去偷稅漏稅，因為結果往往是得不償失，甚至身敗名裂。

東京有一家藝人經紀公司，二〇一七年因為偷稅漏稅三千五百萬日元遭到稅務局的嚴厲罰款，同時公司社長被捕，這家經紀公司因此破產，所屬的三十多名藝人也一下子無家可歸。所以在日本演藝圈，最忌諱的是偷稅漏稅的醜聞，因為這樣做，不僅辜負了影迷們的支持，更是背叛社會的行為。一旦被發現，電視台會立即取消公司藝人的節目，電影公司不會上映公司藝人主演的電影，廣告也因此停播，廣告商馬上會派出律師找上門來，不是給公司安慰費，而是向公司索賠企業形象損失費。同時，公司還得舉行公開的記者會，一把眼淚一把鼻涕地向全國人民保證自己痛改前非，一定好好做人，爭取早日得到社會的原諒，重返影壇。

所以，做一位品行端正、具有愛心和社會責任感的藝人，才會有更多出演的機會，才能延續藝術的生命。也正因為如此，日本的藝人們都十分的低調，謙虛，待人恭敬，粉絲們提出合影、簽名等要求，一般都會答應，滿足粉絲們的願望。尤其是一線歌手，在舉行完個人演唱會後，會在第一時間從舞台上趕到出口處，與觀眾們一一握手，真的有一種把觀眾當上帝的感覺。也正因為如此，日本許多藝人即使到了七八十歲，人氣依然不減。

大學教授的「性騷擾」

赫赫有名的早稻田大學，近日鬧出一起性騷擾醜聞。一名六十六歲的名教授強迫一名二十七歲的女學生做他的情人，結果被女生告到了學校。學校經過調查後，宣佈把這名教授開除，並追討他的退職金。

之所以這起性騷擾案會引起日本全社會的關注，是因為這位教授很有名，他的名字叫渡部直己，是一位文藝評論家，寫了四十多部著作，在文藝評論界，屬於泰斗級人物。我讀過他的《小說技術論》，視點和觀點都十分新穎。

這起性騷擾案到底是怎麼回事呢？

這位女生在二〇一六年四月成為渡部教授指導的碩士研究生。也許是一見鍾情，文藝細胞豐富的渡部教授坦承，自己一下子就愛上了這位女生。

他對女生做了甚麼呢？早稻田大學公佈了一份調查報告，列舉了八大問題。

請各位注意：這八種言行，在日本就算認定是「性騷擾」！

第一，不顧其本人和周圍學生的注意，盯着女生的腳看。

第二，對女生說「你真可愛」。

第三，兩個人頻繁地單獨吃飯，渡部教授用自己的筷子給女生夾菜。

第四，用手指點女生的肩和背，拍她的頭。

第五，叫女生幫他買私人用的東西。

第六，對女生說「畢業之後做我的女人」。

第七，其他學生在場的情況下，叫被雨水淋濕的女生換衣服，並說「別裸了」。

第八，在別的學生面前談及女生的個人信息。

面對教授的這些言行，這位女生感覺很苦惱，但是又不敢公開冒犯自己的導師。於是與別的教授商量，得到的建議是希望她大事化小、小事化了。但是這位女生卻日益感到自己無法忍受教授的這些騷擾行為，最後不得不選擇退學。

退學之後，這位女生向學校性騷擾防止委員會告發了渡部教授的性騷擾行為。她說，入學之後的第二年四月，渡部教授以指導她的論文為理由，帶她到學校附近的高田馬場的一家餐廳裡吃飯，就在吃飯時，渡部教授對她說了一句：「請做我的女人。」當時她的心中產生了很大的屈辱感，離開之後馬上去見了自己的一位男性朋友，向他訴說了這一遭遇。最近看到世界各地發生的「MeToo」運動，她的心中也有了告發的勇氣。

學校接到女生的告發後，對渡部教授進行了調查。渡部教授倒也很爽氣，馬上承認自己確實因為喜歡這位女生而有過分的言行，並願意引咎辭職。

渡邊教授主動提出辭職，但是學校並沒有接受，而是決定予以開除，並要求其歸還幾千萬日元的退職金。

這事早在六月就已經傳了出來。在學校還沒有做出處分決定之前，渡部教授坦然地接受了包括《朝日新聞》在內的一些主流媒體的採訪，他說：「我把自己對於教育的熱心與戀愛感情攪在一起出現差錯，沒有認真考慮到對方的感情，作為教育者是罪該萬死，真的很對不起！」

不過他否認自己說過「請你做我的女人」。渡部教授說：「我想我沒有說過這樣的話，但是過分表達了自己的愛意。我有一個毛病，喜歡上一個人，往往會忘了對方是自己指導的學生。作為教師顯然是不合適的，我已經沒有資格再當老師，願意接受學校的處分，已向學校提出了辭職。」

雖然學校已經對渡部教授做出了嚴厲處分，但是這位女生認為，之所以會出現渡部教授這樣的性騷擾事件，是因為早稻田大學的整個教育氣氛有問題。雖然學校設立了「防止性騷擾委員會」，但是自己要帶父親一起去告發，一開始卻遭到了拒絕。她寫的告發信委託律師遞交，也一度遭到學校拒絕，要其本人親自到學校遞交。這位女生說：「我已經對早稻田大學感到絕望。」

「性騷擾」指對異性在言語、心理或身體以性的方式實施非禮的行為，這個單詞最早出現在西方的報刊、廣播等媒體上，並在二十世紀七十年代中期成為英語的「正式詞彙」。中國以前就有一個俚語，叫「吃豆腐」，其含義與「性騷擾」大同小異。

在大男子主義盛行的日本，「性騷擾」行為是由來已久，但一直沒有成為社會問題。隨着網絡的發達和新女性的覺醒，最近幾年，性騷擾問題已經成為日本的一大社會問題，並有一個專門的日語叫「セクハラ」。為此，日本人事院正式給「性騷擾」做了如下定義：在工作單位等地方，與異性有令對方不快的有關性的言論或行為，屬於「性騷擾」。為此要求公務員嚴格按照這一定義，處理好與同事與服務對象的關係。為此，日本的不少大學教授的辦公室都改成了透明玻璃門，同時規定不得上鎖。

不過，日本的「性騷擾」案有一個特點：均是由女性控告男上司或男同事，相反由男性控告女上司或女同事的幾乎沒有，這與西方國家的「性騷擾」案中男性控告女性佔了將近百分之二十形成了鮮明對比。

那麼，日本的性騷擾問題有多嚴重？厚生勞動省公佈的一份調查結果顯示，二十五至四十四歲的日本職業女性中，超過三分之一的人在工作單位遭受過性騷擾。其中，百分之十七的人被男同事提出過性要求。被性騷擾的對象第一為「上司、前輩」，第二是「客戶」。經常受到性騷擾的場合主要有：「聚餐」「工作時」「公司活動（年會、忘年會、歡迎會、歡送會等）」。若限定範圍為二十多歲的女性，則選擇「聚餐」和「加班」的比例最高。

除了早稻田大學認定的渡部教授的八種言行之外，我發現不少日本公司制定的防止性騷擾規定中，以下言行均屬於性騷擾範圍：

一、打聽女性的三圍尺寸。

二、男上司要求女性倒水、泡茶。
三、詢問女性內衣的顏色。
四、撥弄女性的頭髮。
五、拍女性的肩膀。
六、未經女性同意，擁抱女性。
七、詢問女性的年齡。
八、詢問女性的性史、性體驗。
九、說「你的胸真大」。
一〇、眼睛盯女性的胸或褲襠。
一一、說「你胖了」。
一二、問「最近是否減肥了」。
一三、在女性面前講自己的性事、性能力。
一四、辦公室電腦畫面展示色情或女性比基尼照片。
一五、深夜給女性發短信，說「想你了」。

一六、觸摸女性身體。
一七、說「孩子生了沒有」。
一八、按住女性握着鼠標的手教她如何使用電腦。
一九、說「能不能做得像個女人」。
二〇、說「有沒有男朋友，為甚麼不結婚」。

由於一些女性職員認為男上司要求其倒茶也屬於性騷擾行為，因此，過度的性騷擾防止規定，也導致機關或企業的上下級之間關係變得緊張。人為地在兩性之間築起一道充滿仇視的鴻溝，也並非好事。如何區分甚麼是「性騷擾」，甚麼是「友情表現」，正在成為人類相處的一大新難題。

日本社會如何對待變性人與同性戀

日本厚生勞動省發佈了一條消息，宣佈性別認同障礙患者如果做變性手術的話，可以適用醫療保障制度。這一宣佈，等於為變性希望者開啟了綠燈。也就是說，如果你想把自己的身體從男性變成女性，所需要的手術費，個人只需要承擔百分之三十，而國家為你承擔百分之七十。此前，變性手術所需要的全部費用，因為都不能使用醫療保險，需要由個人全額承擔。

日本政府為甚麼要出台這一政策？主要原因是日本社會同性戀和性別取向問題越來越嚴重。

日本厚生勞動省曾在二〇一一年對全國有性別取向問題的患者進行過一次調查，得出的結論是，全國約有四千人存在着性別取向問題。

對於厚生勞動省的這一調查數據，一直從事同性戀和性別取向障礙問題研究的北海道文教大學精神學教授池田官司認為，厚生勞動省提供的數據只是冰山一角，根據他所領導的研究小組的調查推算，全國這樣的患者至少有四點六萬人，也就是說，每二千八百人當中就有一人是性別取向障礙者。

日本有一個大學教授和醫生等專業人士組成的「性同一性障礙學會」，該學會根據北海道札幌醫科大學附屬醫院等專業從事變性手術的醫院所積累的資料分析，得出了一個很奇怪的數字：身體是女性，但是自我感覺是男性的性別認同障礙者，在一九八七年出生的人群中最多，按照人口比例計算，這一年出生的人中，一千四百七十一人中有一人是性別認同障礙者。而身體是男性，自我感覺像女性的性別認同障礙者，在一九八五年出生的人群中最多，三千三百八十人中就有一人。

為甚麼性別認同障礙者會集中出現在一九八七年和一九八五年出生的人群中呢？日本的醫學專家和社會學專家們都得不出一個統一的結論。

在這裡，我們先就性別取向問題來解讀一個專業的名詞。在性別取向方面出現認知問題的患者，日本稱作「性同一性障礙者」，我們中國稱為「性別認同障礙者」。這是一種甚麼樣的疾病呢？

有性別認同障礙的男孩在幼兒期就喜好穿女裝，沉湎於女孩的遊戲和活動之中；他們甚至厭惡自己的外生殖器，希望變成女孩，上學後會因此受到其他男孩的羞辱、嘲笑，並越來越被孤立。在青春期，女性化的舉止會有所減輕，但有三分之一至三分之二有性別認同障礙的男孩在青春期中或以後表現出同性戀傾向。而有性別認同障礙的女孩喜歡穿男裝、結交男伴；對洋娃娃沒有興趣，對體育運動和激烈爭鬥的遊戲極為喜愛；不喜歡在遊戲中扮演女性角色，不願乳房發育、來月經，甚至聲稱自己是男孩等。大部分在青春期會收斂對異性的活動或服裝的追求，同時仍有一部分保留男性性別的認同，逐漸顯露出同性戀傾向。

為甚麼會出現性別認同障礙？原因很難查清，目前大多數日本醫學專家認為，是在胎兒期出現了荷爾蒙異常，因此長大以後，對自己的內心和身體無法取得一致的認同。也就是說，自己的身體是男性，但是自己的心卻不認為自己是男性，而是一位女性。所以身體和心靈在無法達到一致的情況下，就出現了性別認同障礙。

日本社會早在二十年前就開始重視這種性別認同障礙的治療，同時要求對變性者的性別問題進行管理。二〇〇四年，日本國會通過了一部特別的法律，叫作《性同一性障礙特例法》。這部法律對於變性後的障礙者的性別界定，做出了一個明確的法律規定。

這部法律規定，要求在戶籍上改變性別的國民，必須符合以下幾個主要條件：第一，年齡必須在二十歲以上；第二，沒有結婚；第三，沒有子女；第四，必須做變性手術，生殖器部分的外形必須符合其性別特徵。符合以上條件者，可以向各地的地方家庭法院提出申請，要求在法律上改變自己的性別。

日本政府公佈的數據説，在《性同一性障礙特例法》頒佈之後的二〇〇四至二〇一二年間，日本全國共有三千六百人做完了變性手術，並通過家庭法院申請改變了自己的性別。所以，從這個數據來看，日本性別認同障礙者的實際數量，要超過日本厚生勞動省所公佈的四千多人的估算。對於這種性別認同障礙的治療，日本醫學界也一直在進行各種探索，目前也沒有很好的治療方法，當前的治療方法主要還是心理療法、注射荷爾蒙，或者施行變性手術。

但是，日本國會通過的這部《性同一性障礙特例法》也存在着一個很大的法律漏洞，因為許多做了變性手術的人，最後後悔了。雖然已經申請了法律上的性別改變，但是當他們想回歸到原來的性別的時候，遇到了很大的法律障礙，因為《性同一性障礙特例法》沒有規定做了變性手術申請改變性別之後的人，想回歸原來性別的法律途徑。所以，一些患者呼籲國會修改法律，增加一帖「後悔藥」。

在日本許多市民團體的呼籲下，日本政府終於決定，向準備做變性手術的患者提供醫療援助，也就是說，讓變性手術適用於醫療保險。根據厚生勞動省發表的消息，患者如果施行變性手術的話，整個醫療費的百分之七十將由政府的醫保來承擔。

那麼，做一個變性手術需要多少費用？我特別去東京幾家專門從事變性手術的醫院網站上進行了調查，發現男性做一個生殖器切除和女性生殖器再造手術，大約需要三百萬日元（約十九萬元人民幣）。如果再做一個乳房再造手術的話，大概需要一百二十萬日元（約七萬元人民幣）。所以要把一個男性的身體徹底改造成一個女性的身體，包括各種手術和後期護理，總共約需要一千萬日元（約六十萬元人民幣）。這筆費用，對於許多年輕人來說，還是一個天文數字。因此，許多性別認同障礙者在沒有這麼多錢去做變性手術的情況下，一直蒙受着巨大的精神痛苦。所以，日本政府決定把變性手術納入到醫保的範疇之內，將為他們帶來福音，當然也勢必會導致日本做變性手術人數的大幅增加。

日本的變性人大部分出現在東京最大的紅燈區——歌舞伎町，還有「年輕人的天國」之稱的東京涉谷。他們大多數在酒吧和夜總會裡打工，也有個別的在情人旅館裡接客。與泰國的人妖相比，日本變性人這個群體不僅規模小，而且沒有形成一個社會性組織，即使在新宿的歌舞伎町，也沒有一個人妖的表演場所。

日本社會是如何看待變性人和與之相伴的同性戀問題？總體來說，日本社會還是比較寬容，並予以了接納。

日本最有名的變性人，要數春菜愛。

春菜愛目前是日本娛樂界一位很著名的藝人；他上小學時，就經常穿女裝參加學校的各種演出，當時的主要模仿對象是歌手松田聖子。他不願意跟男同學在一起，喜歡和女同學一起玩，放學後，喜歡化妝穿上漂亮的裙子去逛街。十六歲時，他花六十萬日元第一次做了變性手術，把自己男性生殖器的一部分——睪丸切除了，當時他還把兩粒睪丸放入冰櫃裡留念。有一天，他的外婆在冰櫃裡發現了這兩顆睪丸，問這是甚麼東西，春菜愛撒謊說是兩粒大蒜頭。為了籌集手術的費用，春菜愛一直在夜總會裡打工，直到十九歲時，他已經積攢了一大筆錢，才正式接受變性手術。

這次由男性變女性的手術，總共花費了一千一百萬日元（約六十六萬元人民幣）。做完變性手術後，春菜愛就完全變成了一個漂亮的女孩。於是，日本的各大電視台紛紛邀請她出演各種節目，當娛樂評委或者表演節目。二〇〇九年，春菜愛在泰國參加國際變性人選美大賽，獲得「國際皇后小姐」冠軍，成了首位獲得這一榮譽的日本人。這一年，她寫了一本書，叫《春菜愛自傳》，在書中她寫道：「這個男人出生於世，卻以女人的姿態出現在大家面前，這一路走來，有無比的心酸，但是我實現了自己的理想，不再畏懼世俗的眼光。」

除了春菜愛外，日本演藝界還有多名長相漂亮的變性人，如佐藤佳代和荒木蕾娜。這兩人的身材都比春菜愛好，而且年輕，因此打扮成女孩後，贏得了不少日本男性的喜愛。

佐藤佳代出生於一九八八年，是愛知縣人。他自小就有性別認同障礙。小學三年級時，男女分別換衣服時就不願意與男同學在一起。中學畢業時，他離家出走。在出走的當天晚上，佐藤去青梅竹馬的女性友人的家裡借女裝，友人體會到佐藤的心情，甚麼也不説就借給了他衣服，從此，佐藤佳代開始以女性的角色生活，已經拍了不少**DVD**作品。

性別認同障礙者很自然地會成為同性戀者。二〇一五年，日本最大的廣告公司「電通」做了一次調查，發現日本同性戀問題相當嚴重，佔據了總人口的百分之七點六。日本總人口為一點二億人，百分之七點六的話，就意味着日本有九百七十萬名同性戀者，其中東京就有九十四萬人。

這一數據是否可靠，目前還沒有結論。但是，東京都的涉谷地區，目前已經成為同性戀最為集中的地區，同性戀酒吧和同性戀咖啡館等，多數集中在涉谷。

日本目前還沒有一部認同同性戀婚姻的法律。但是在二〇一五年，東京都涉谷區議會在全國率先通過了一部地方法規，承認同性戀同居者的「伴侶關係」。只要兩位同性戀者向涉谷區政府遞交申請書，政府將向他們頒發「伴侶關係證明書」。雖然這份「伴侶關係證明書」不正面承認其「夫妻關係」，但是基本上擁有夫妻一樣的權益。比如，可以申請家庭住宅、簽署手術同意書、領取公司給予社員的家庭補助等。如果有營業機構侵害同性伴侶的權益，涉谷區政府將會公開這一機構的名稱並予以譴責。

涉谷區議會通過這一地方法規，不僅

是日本甚至也是全亞洲的第一例承認同性伴侶關係的地方法規。這一法規通過後，大批的同性戀者湧入涉谷租房、買房生活。同時，日本其他的一些地方議會也開始制定同樣的法規，讓同性戀者們擁有與普通人一樣的生活的權益和尊嚴。

責任編輯 許琼英
封面設計 彭若東
版式設計 林　溪
排　　版 周　榮
印　　務 馮政光

書　　名 日本的底力
作　　者 徐靜波
出　　版 香港中和出版有限公司
Hong Kong Open Page Publishing Co., Ltd.
香港北角英皇道四九九號北角工業大廈十八樓
http://www.hkopenpage.com
http://www.facebook.com/hkopenpage
http://weibo.com/hkopenpage
Email: info@hkopenpage.com
香港發行 香港聯合書刊物流有限公司
香港新界大埔汀麗路三十六號三字樓
印　　刷 中華商務彩色印刷有限公司
香港新界大埔汀麗路三十六號中華商務印刷大廈
版　　次 二〇二〇年一月香港第一版第一次印刷
規　　格 三十二開（130mm × 190mm）三七六面
國際書號 ISBN 978-988-8570-48-5